MADRID 2025

COLECCIÓN CUADERNOS DE APUNTES
SERIE INFORMES DE ÉXITOS

Casos de éxito y fracaso en empresas I

Aprender de los aciertos y de los errores

Marta Torres-Polo,
José Ramón Pin Arboledas
y Luis Expósito Sáez

COLECCIÓN CUADERNOS DE APUNTES

SERIE INFORMES DE ÉXITOS

Director
Zulema Calderón Corredor

Comité científico asesor
Antonio Martínez Santos
Begoña Rodríguez Díaz
Noelia Valle Benítez
Juan Carlos Gómez Alonso
Fidel Luis Rodríguez Legendre

© 2026   Marta Torres Polo
© 2026   José Ramón Pin Arboledas
© 2026   Luis Expósito Sáez
© 2026   Editorial UFV
           Universidad Francisco de Vitoria
           Crta. Pozuelo-Majadahonda, km 1,800. 28223 Pozuelo de Alarcón (Madrid)
           editorial@ufv.es

Primera edición: marzo de 2026
ISBN edición impresa: 979-13-87731-40-3
ISBN edición digital: 979-13-87731-41-0

Depósito legal: M-6404-2026

Impresión: Safekat S.L.

Agradecimientos

Este proyecto comenzó hace ya mucho tiempo, cuando trabajábamos en la Escuela de Negocios de la Universidad Francisco de Vitoria. Más adelante, **gracias a la propuesta de Eduardo Gallo de generar casos adaptados al Grado, y con el apoyo de gran parte del claustro de ADE,** la incorporación de José Ramón Pin y el liderazgo académico de Marta Torres-Polo, fue tomando forma hasta convertirse en la obra que hoy presentamos.

Queremos expresar nuestro sincero agradecimiento a quienes lo han hecho posible: **Marta Torres-Polo, Carlos Clemente, Tomás Alfaro, Ignacio Carnicero, Isabel Marín Mora, José Luis Gómez-Lega, Nieves Carmona, Manuel Ferrer, Eduardo Gallo, Reyes Pablos, Isolino Pazos, Pilar López, Beatriz Duarte y Luis Expósito.**

De manera especial, reconocemos el papel de **Marta Torres-Polo** y del profesor emérito del IESE **José Ramón Pin,** cuyo liderazgo, impulso y confianza han sido determinantes para la consolidación de este proyecto. Sin ellos, esta obra no hubiera visto la luz.

Nuestro agradecimiento se extiende también a la **Universidad Francisco de Vitoria, a los profesores de ADE, a los alumnos que constituyen el centro de este proyecto, y a la editorial,** a través de Isaac Caselles, por el apoyo y la confianza depositada en esta iniciativa. Del mismo modo, expresamos nuestro agradecimiento a todos los empresarios que, con generosidad y desde el anonimato, han hecho posible este libro de casos al compartir sus proyectos para el aprendizaje de nuestros alumnos.

Deseamos que este libro no solo sea una herramienta útil para el aprendizaje, sino también un testimonio del valor de la colaboración académica y de la fuerza transformadora que tiene compartir un mismo propósito.

ÍNDICE

Los datos han sido proporcionados por las empresas.
Las unidades se expresan en euros, salvo las excepciones indicadas.
Los gráficos y tablas son de elaboración propia.

PRÓLOGO

Cuando el Dr. D. Luis Expósito, director académico del programa Grado en ADE, de la Universidad Francisco de Vitoria (UFV), me pidió que ayudase a la confección de casos empresariales no era consciente de que me estaba ofreciendo una experiencia tan gratificante.

A través del curso académico 2024/2025 he descubierto el entusiasmo de Luis y de su equipo por su trabajo pedagógico. Son un conjunto de académicos preocupados por formar de manera excelente a sus alumnos. Después de conocerlos no me extraña nada que la UFV crezca tanto en volumen, como en prestigio, como lo está haciendo.

A principio de curso el proyecto consistía en la elaboración de una serie de casos para su uso en la carrera de Dirección de Empresas. A lo largo del mismo se han ido elaborando hasta siete. Son los que se han compilado en este libro.

Se trata de casos transversales para que los alumnos lleguen al mundo profesional con un bagaje conceptual, en el que se incluya la incidencia practica de las teorías que estudien a lo largo de su carrera.

Un ejemplo: Es seguro que en la asignatura de Economía se desarrollen los conceptos de ciclos económicos. Después de la discusión de algunos de los casos, los alumnos serán más conscientes de cómo esos ciclos influyen en la vida de una empresa, cómo actúa sobre sus ventas y su tesorería, cómo la prudencia aconseja tener remanentes en caja y bancos y cómo eso influye en el ánimo de empresarios y directivos.

Por otra parte, en el método del caso, el análisis de los estados contables relaciona sus dimensiones numéricas con otros aspectos de la empresa. Informa cómo ese análisis ayuda a tomar decisiones o a dificultarlas. Parafraseando a Pascal: Cómo los sentimientos, las razones del corazón que la razón no entiende, son influidos por los criterios financieros y viceversa. Cómo no se pueden tomar decisiones prudentes sin "hacer los números", a la vez que tampoco se puede decidir sólo por los números.

Muy importante para la formación de los alumnos, es destacar la influencia de las relaciones personales, en el desarrollo de las empresas y su carrera profesional. Un aspecto al que ayuda mucho la discusión de los casos. Discusiones que permiten destacar la importancia de los aspectos éticos y morales en las decisiones empresariales.

Estos son parte de los objetivos de este libro. Aterrizar la formación de los estudiantes de Dirección de empresas en la realidad empresarial.

Por otra parte, los casos deben servir para acostumbrar a los alumnos al proceso de toma de decisiones empresariales.

Facultad de Derecho,
Empresa y Gobierno

Para ello hay que utilizar "la metodología del caso" usando los siguientes pasos:

1. **Análisis de los datos,** distinguiendo hechos de opiniones, descubriendo los hechos relevantes y relacionarlos para definir.
2. **Los problemas a abordar.** No sólo los explícitos, que aparecen definidos en el caso o se desprenden fácilmente del análisis. También los llamados problemas implícitos que, no siendo evidentes, definen la situación de manera más profunda.
3. **Descripción de los criterios de todo tipo a aplicar de manera racional a la solución del problema:** financieros, comerciales, de dirección de personas, de gobierno de la empresa, de intereses personales de los protagonistas, de evolución del entorno y la competencia, éticos, etc.
4. **Desarrollo de alternativas de solución.** Un momento en el que la imaginación debe jugar su papel.
5. **Evaluación de cada alternativa en función de los criterios eligiendo la que cada alumno evalúa más alto, para tomar su decisión.** Decisión que no tiene por qué ser compartida ni por el conjunto de la clase, ni por el profesor. En el método del caso no hay solución, sino soluciones, dado que los criterios personales pueden ser distintos y su ponderación también. Las diferentes soluciones o caminos de acción son prudenciales. Aunque incluyan criterios que se puedan presentar cuantitativamente, en números o en forma estadística (probabilidades de cada suceso), siempre hay otros cualitativos a considerar. Encima cada decisor pondera los criterios de manera distinta lo que lleva a decisiones diferentes.
6. **Conversión de esa decisión en un plan de acción y control** y, probablemente, vuelta a empezar porque cada acción crea una nueva situación.

En el caso de los alumnos, el estudio del método del caso se debe hacer en tres fases:

a. **El estudio individual,** con un estudio de aproximadamente un mínimo de dos horas por caso, donde cada alumno realiza un esfuerzo que debe concretarse en los siete pasos del proceso. Esa es una de las dificultades y retos del método del caso, el alumno debe haber preparado cada una de las sesiones con anterioridad. Del esfuerzo que realice se desprenderá el aprendizaje obtenido. El método del caso y la lección magistral se complementan y refuerzan. Pero el primero exige un esfuerzo previo al alumno, que no requiere el segundo.
b. **El trabajo en equipo** (entre cinco y diez alumnos), donde se repasa el proceso y cada alumno repasa su análisis, incorpora hechos, afina criterios, mejora sus alternativas y la evaluación de ellas. En esta fase no se trata de llegar a acuerdos de todo el equipo, sino mejorar la propuesta de cada alumno que llevará a la siguiente fase.
c. **La sesión general** donde el profesor modera la discusión, ayuda a formular soluciones y, finalmente, aporta conceptos teóricos que enmarcan el caso.

Es importante subrayar que los criterios de decisión tienen tres niveles:

1. **El económico donde se miden el dinero, el tiempo o los contenidos físicos.**
2. **El psico-social, en el que se calculan los niveles de confort de los protagonistas o la distribución de poder entre ellos según cada decisión.**
3. **El ético-moral en el que se calcula el crecimiento de las virtudes o los vicios de quienes toman las decisiones y de los que reciben sus efectos.**

Se trata de que en los casos que presentamos se efectúe este proceso, en sus tres fases y en los tres niveles de criterios. Si en la discusión se prescinde de alguno de los niveles de los criterios, el económico, el psicosocial o el ético, se tendrá una visión incompleta de la realidad.

Con este ejercicio los alumnos incorporarán una forma de pensar que les será muy útil en su vida profesional, en la que esa realidad siempre supera a la ficción.

Los casos son el resultado de la perspicacia, esfuerzo y entusiasmo de la profesora Dra. D.ª Marta Torres-Polo su autora común. También de la colaboración de los coautores de los diferentes casos y sus protagonistas. A todos he de reconocer su aportación mucho más importante que la mía, que consistió simplemente en inspirar análisis de los casos y participar con ellos en sus discusiones. Discusiones en donde todos los miembros del claustro aportaron ideas para mejorarlos y confeccionar notas para otros profesores (Teaching Notes). Notas que se podrán consultar al departamento de la UFV para orientar su uso pedagógico. Aunque, como se sabe: "cada maestrillo tiene su librillo". Cada profesor orientará la discusión según el aprendizaje que quiera destacar.

En resumen, lo que se presenta en este libro es un esfuerzo pedagógico de un grupo de profesores a los que les importa, y mucho, la formación de los alumnos que les han sido encomendados. Prepararlos para una vida profesional real en el mundo de las organizaciones humanas.

Un último apunte. La utilidad de los casos aumenta con las veces que se usen. Todos los que hemos impartido clases con el método del caso sabemos que las discusiones se perfeccionan en cada nueva sesión. Esa es mi recomendación. No se arrepentirán si los usan varias veces, se darán cuenta del aumento de aprendizaje que destila cada sesión. Un aprendizaje acumulativo tan importante para los alumnos, como para los propios profesores que los usen.

Espero que los lean con atención, los estudien con profundidad y los discutan con el entusiasmo que he visto en las sesiones con el claustro de profesores de la facultad de empresa de la UFV.

No me queda sino recordar la máxima del oráculo de Delfos: "conócete a ti mismo". El método del caso ayuda a ello.

Si se reflexiona sobre las decisiones que cada alumno tomaría en cada caso, se aprende mucho de cómo es su manera de pensar. Esa sería una enseñanza excelente. Hacerle reflexionar sobre por qué le gusta más una solución que otra y lo que eso muestra de sí mismo.

Ánimo a los que usen este libro, alumnos y profesores, a sacarle el máximo provecho a los casos y a su discusión. Creo que el esfuerzo merece la pena.

Madrid 2025
J. R. Pin Arboledas
Profesor emérito del IESE

1 CASA HOGAR

SIE

UFV Universidad Francisco de Vitoria

Caso realizado por **Tomás Alfaro Drake, Nieves Carmona González, Ignacio Carnicero, Luis Expósito Sáez, Manuel Ferrer Navarro, Eduardo Gallo Rodríguez, Reyes Pablos Villaescusa, Isolino Pazos Villas y Marta Torres Polo** con la supervisión del **Profesor José Ramón Pin Arboledas.**

El caso no supone una valoración de las circunstancias en el redactadas. Se presenta como base de discusión y no como la ilustración de la gestión adecuada o inadecuada de una situación determinada.

El consejo de administración de **CASA HOGAR,** en el que ya se había incorporado **la multinacional HRC** se preguntaba si las previsiones de Rafael Pérez, nuevo director general, serían correctas y cuáles eran las bases en que se asentaban.
Por otra parte, también se preguntaba si **las noticias sobre la crisis mundial financiera/inmobiliaria eran realistas o alarmistas**. Sobre todo, cuáles deberían ser los horizontes posibles, la repercusión en su negocio y tanto en un caso u otro qué decisiones se deberían tomar ■

1.1. Inicios de Casa Hogar

A finales de 2001, Antonio Jiménez y José Ignacio Hernández decidieron crear una cadena de tiendas que compitiese con las grandes superficies de bricolaje como los supermercados competían con los hipermercados.

Antonio y José Ignacio habían trabajado en Leroy Merlin. Antonio como jefe de sector de sanitario y posteriormente como director de tienda y José Ignacio como controlador de tienda y posteriormente como controlador de gestión regional. Ambos eran licenciados en económicas y contaban con un MBA.

La expectativa del sector a inicios del siglo XXI era de un aumento del gasto de bricolaje en España. Se sabía que un alemán o un inglés consumían hasta cuatro veces más en bricolaje que un español, el cual, además, no era un cliente de compra de producto sino más bien un cliente de compra de un servicio. Por otro lado, estaba calando en la sociedad la idea de una cierta consideración del bricolaje como actividad de ocio, gracias al impulso que habían hecho las grandes superficies comerciales y a la divulgación de determinados programas en televisión como Bricomanía.

Existían estudios de mercado que avalaban la necesidad de abrir tiendas de bricolaje en medianos centros comerciales y existía una normativa, en la gran mayoría de las comunidades autónomas, por la que se podía abrir una superficie de menos de 2.500 metros cuadrados sin la necesidad de una segunda licencia comercial.

Antonio y José Ignacio elaboraron un plan de negocio para asegurar la viabilidad del proyecto y comenzaron a buscar financiación. El objetivo era crecer rápido para posicionarse en el sector como un competidor de primer nivel, por lo que convenía tener un capital social que les permitiera, desde el inicio, hacer un planteamiento de apertura de tiendas.

Tomás Alfaro Drake, Nieves Carmona González, Luis Expósito Sáez, Manuel Ferrer Navarro, Eduardo Gallo Rodríguez, Reyes Pablos Villaescusa, Isolino Pazos Villas y Marta Torres Polo con la supervisión del Profesor José Ramón Pin Arboledas.

1.2   Estrategia de Casa Hogar

El objetivo de Antonio y José Ignacio era crear una cadena de supermercados de bricolaje especializada en familias de bricolaje ligero: electricidad, herramientas, ferretería, jardín, pintura y decoración.

Pensaban en un modelo de tienda de unos 1.000 metros cuadrados en poblaciones con un tamaño entre 150.000 y 400.000 habitantes, que eran poblaciones en las que Leroy Merlin no tenía interés. Su objetivo, ambicioso, era ser líderes nacionales de este nicho. El anexo 1 presenta un breve análisis de los competidores que tenían en esos años.

Las claves del negocio se basaban en la profundidad y en la amplitud de la gama, la descentralización por tienda en todo lo referente a la gestión y a la adaptación de la gama local, el autoservicio con lógicas de implantación y disponibilidad de stock, la centralización de las negociaciones con proveedores, la existencia de un sistema informático que facilitara la gestión del stock y la ubicación en centros o polígonos comerciales.

Un aspecto crítico era el de la elección de productos pues consideraban necesario para competir, crear un surtido con amplitud de familias y profundidad en cuanto a número de referencias por familia, por lo que era necesario un conocimiento profundo de las gamas con el fin de construir un surtido adecuado.

En un primer momento, pretendían trabajar con un mayorista que suministraría la mercancía en cantidades ajustadas a las necesidades, de este modo se controlaría el stock. Sin embargo, surgieron problemas ya que el mayorista no trabajaba con mucha profundidad de gama.

Otro elemento de suma importancia era el de la austeridad, ya que consideraban que si se quería trasladar a los proveedores, entidades financieras y socios que la idea era hacer un buen uso de los recursos que les aportaban, debían tener mucho cuidado en la imagen de marca que se trasladaba, por ello decidieron, entre otras cosas, que las oficinas serían una sala diáfana sin despachos y que el mobiliario de oficina eran caballetes, tableros y sillas de jardín de las que vendían.

1.3   Socios y dirección

El proyecto se presentó a diversos socios individuales conocidos de la familia y a un fondo de inversión vinculado a la escuela de negocios donde José Ignacio había hecho su MBA. Es entonces cuando se produce un cambio en la estructura organizativa de la empresa. Rafael, el tercer socio incorporado a la dirección en 2006, no quería que entraran en el capital socios que estuvieran fuera del círculo que él conocía. Además, "puede suponer un problema para la gestión la entrada de una empresa de capital riesgo," —comentaba. José Ignacio y Antonio opinaban que la entrada de un fondo junto a la de socios conocidos podía dotar a la gestión de una mayor profesionalidad. En palabras de José Ignacio, "el fondo nos aportará una visión más general del mundo empresarial." "Los socios particulares pueden, además, darnos una visión del mundo de la distribución y del bricolaje," —apostillaba Antonio. Al final resolvieron sus diferencias entrando socios amigos de Rafael y del fondo de inversión.

La sociedad se creó el 21 de marzo de 2002, una vez firmado un preacuerdo con el arrendador de la primera tienda, cuya ubicación iba a ser Torrevieja, en la provincia de Alicante. El capital social fue de 748.000 euros. Se constituyó un consejo de administración con la intención de que fuese una ayuda para los emprendedores y además un mecanismo de control de la sociedad.

Antonio y José Ignacio tenían perfiles distintos y complementarios por lo que se repartieron las distintas funciones de la empresa basándose en la experiencia de cada uno de ellos, de manera que Antonio era responsable del front office y José Ignacio del back office. Las decisiones se tomaban de una manera consensuada, pero en las ocasiones en las que había discrepancia y no era posible una postura común, prevalecía la opinión del responsable del área.

Tomás Alfaro Drake, Nieves Carmona González, Luis Expósito Sáez, Manuel Ferrer Navarro, Eduardo Gallo Rodríguez, Reyes Pablos Villaescusa, Isolino Pazos Villas y Marta Torres Polo con la supervisión del Profesor José Ramón Pin Arboledas.

1.4   La primera tienda

Torrevieja era una zona de gran crecimiento y con una importante población inglesa y alemana cuyo consumo de productos de bricolaje era de hasta cuatro veces la del consumidor español.

Se estimaba necesario llevar a cabo la apertura antes del comienzo del verano, para aprovechar la fuerte estacionalidad que tiene el sector, especialmente en las zonas de playa. La primera tienda se inauguró el 17 de junio de 2002.

De cara a poner en marcha la primera tienda, los aspectos más críticos eran la elección de la gama de la primera tienda, la negociación de las condiciones de compra con los proveedores, la contratación y gestión del desarrollo de la obra de la tienda y el establecimiento de un sistema informático con el que poder gestionar y funcionar.

Para poder llevar a cabo estas actividades se contrató al jefe de la primera tienda, Manuel, antiguo jefe de recepción de Leroy Merlin y persona de confianza de Antonio y de José Ignacio; y a Pedro, un antiguo jefe del sector de decoración y pintura de Leroy Merlin para que ayudara durante un par de meses en la elección de la gama. Dado el inmenso trabajo que representaba la elección de las referencias, se distribuyeron el trabajo entre José Ignacio, Antonio, Pedro y Manuel.

1.5   Evolución 2003 - 2007

En 2003 se abrieron dos nuevas tiendas (Denia y Orihuela) y en 2004 otras dos (Benidorm y Santa Pola) cumpliendo con el plan previsto de apertura de tiendas.

Todas las tiendas cumplían en 2004 con el objetivo de ventas y tenían un margen de contribución positivo. Solo la tienda de Benidorm tuvo unas ventas y un margen de contribución negativo lo que implicó unas ventas anuales por debajo del objetivo (-600K).

Las ventas por metro cuadrado incrementaron, a superficie equivalente, en el acumulado del año, un 9,61%. Por tienda, destacaba Denia con una progresión superior al 17%, Torrevieja progresando un 5,64% y por último, Orihuela, con una progresión del 3,44%.

La venta vía ofertas era del 30,3%, muy por encima de la media del sector (que se situaba en torno al 10%), dicha venta era a un margen del 22%.

La situación del stock a finales de 2004 era preocupante. El stock a precio de venta era de 4.552K con una rotación de 216 días. Por otra parte, la tasa de roturas de stock, es decir, las referencias que faltaban en las tiendas era del 7%. El stock caducado a finales del 2004 era de 929K y el porcentaje de referencias no vendidas en los últimos 120 días era del 24%.

El resultado estimado antes de impuestos para el año 2004 fue de 21K, bastante por debajo del esperado. La desviación negativa con respecto al objetivo fue de -210.594,33 euros. Las causas que originaron la desviación son las siguientes:

	Desviación por venta	Desviación margen de venta	Desviación en margen neto	Desviación gastos	Desviación resultados
Resultado total	-187.287,65€	-203.358,99€	-10.879,18€	190.931,49€	-210.594,33€
Resultado sin Benidorm	5.319,93€	-169.305,25€	-4.067,78€	65.312,45€	-102.740,66€

Sin embargo, en ese momento los objetivos principales eran captar la mayor cuota de mercado posible, mediante la apertura de nuevas tiendas y el crecimiento de las tiendas existentes y conseguir la financiación posible para la continuidad y el crecimiento de la empresa.

Con respecto a la relación de Antonio y José Ignacio, ambos se respetaban y aunque había veces que discrepaban en la forma de gestionar determinados temas, normalmente llegaban a un consenso sobre la mejor opción de a hacer las cosas. Las reuniones tanto del consejo, como las que existían con los jefes de tienda eran coordinadas por ambos y se respetaban las opiniones comunes, consensuadas previamente, sobre los puntos más relevantes.

En enero de 2005, se produjo la apertura de un establecimiento de la competencia, un Aki en la ciudad de Torrevieja. Tanto el concepto de tienda como el cliente objetivo de

 **UFV** | Editorial

Tomás Alfaro Drake, Nieves Carmona González, Luis Expósito Sáez, Manuel Ferrer Navarro, Eduardo Gallo Rodríguez, Reyes Pablos Villaescusa, Isolino Pazos Villas y Marta Torres Polo con la supervisión del Profesor José Ramón Pin Arboledas.

Aki eran distintos por lo que la opinión mayoritaria entre los consejeros fue que esta apertura no iba a afectar negativamente a las tiendas de Casa Hogar más cercanas (Torrevieja y Orihuela).

En el consejo celebrado a finales de mayo de 2005, se comentó la necesidad de analizar en profundidad y rapidez el problema de stock y buscar soluciones en las familias de productos con problemas de rotura, siendo esencial la modificación de las gamas con problemas de rotación y el desarrollo de las familias de decoración-hogar, con la idea de tender hacia unas tiendas más enfocadas a la decoración y menos al bricolaje. Se estableció como prioritario que los cambios de gama estuviesen operativos antes de realizar la siguiente apertura.

También se aprobó la apertura de una nueva tienda en San Javier (Murcia). Se estimó una cifra de venta para el primer año de 1.500.000 euros con una TIR del 9,11%.

Por último, se acordó buscar ubicaciones que, aun no siendo óptimas en el corto plazo, tuviesen un alto potencial para dentro de unos años, no siendo absolutamente necesario el estar ubicadas junto a un centro de alimentación que hiciese de locomotora.

El resultado de 2005 fue de 39.252,18 euros, lo que supuso una desviación negativa con respecto al objetivo de -248.926,94.

La rotación en 2005 fue de 189 días y, si aislamos el stock de los productos fuera de gama (PFG), la rotación fue de 148 días.

En estos momentos de dificultad, en las reuniones del consejo insistía en la idea de reducir de una manera importante los PFG existentes, de no continuar generando nuevos y de bajar el porcentaje de gama no vendida.

1.6   Crecimiento

Antes estos resultados, se analiza la posibilidad de abrir una tienda en la zona de Orihuela Costa en el municipio de la Zenia. Esta tienda estaba en el área de influencia de la tienda de Orihuela, pero con una ubicación que se consideraba mejor que la que tenía ésta. Surgieron importantes dudas ya que suponía una inversión de aproximadamente 160k euros; un alquiler anual de 200k; implicaba una canibalización de la tienda de Orihuela y estaba previsto la apertura de un Leroy Merlin a escasos metros en 2010, aunque no había seguridad de que esto se fuera a producir.

Tomás Alfaro Drake, Nieves Carmona González, Luis Expósito Sáez, Manuel Ferrer Navarro, Eduardo Gallo Rodríguez, Reyes Pablos Villaescusa, Isolino Pazos Villas y Marta Torres Polo con la supervisión del Profesor José Ramón Pin Arboledas.

1.7 Año 2006

Para 2006, después de los resultados negativos, se plantean unos objetivos cuyas claves son las siguientes:

≡ Progresión en la cifra de venta a superficie equivalente del 9,9%.
   ◻ Apertura de tres nuevas tiendas: El Albir: Apertura en Julio de 2006 y con una cifra de venta prevista para 12 meses de 1.900.000 euros. La Zenia: Apertura en Julio de 2006, con una cifra de venta prevista para 12 meses de 2.000.000 euros. Una tercera tienda sin ubicación decidida, con fecha prevista de apertura en octubre de 2006 y con una cifra de venta para 12 meses de 1.550.000 euros.
≡ Mejora del rappel de final de año pasando del 2,8% al 3,5% sobre la cifra de venta.

Sobre el stock se plantea ir acercando la rotación a los 120 días de manera que no suponga una financiación adicional a la que los proveedores están dispuestos a dar.

Los PFG continúan siendo uno de los principales problemas y se insta, por parte del consejo, a tomar medidas urgentes para reducirlos, mediante la liquidación en las tiendas de Casa Hogar, a través de la devolución a proveedores o mediante la liquidación en los mercadillos o similares.

Las necesidades de financiación de 2006 ascendían a 1.200.000 euros, para lo que se iba a realizar una ampliación de capital de 200k euros y se habían negociado diversos préstamos: CAM 180k euros, Banco Pastor 180k euros, Banco Santander 200k euros, SGR concede una garantía de otros 200k euros, estando pendiente de conseguir otros 240k para cerrar la financiación del 2006.

1.8   Cambios en la organización

En los primeros meses de 2006, Rafael Pérez había planteado a Antonio y a José Ignacio la posibilidad de incorporarse al equipo directivo. Rafael no estaba contento con su trabajo en ese momento y consideraba que, aunque habían existido bastantes desencuentros con los fundadores y especialmente con José Ignacio, una vez formaran un equipo, dichos desencuentros desaparecerían. José Ignacio y Antonio desestimaron su incorporación y en concreto José Ignacio piensa que esto puede desestabilizar a la compañía.

En septiembre de 2006, se vio la necesidad de llevar a cabo un cambio organizativo, incorporando a un director de explotación que permitiese a Antonio centrarse en las labores de marketing y de la central de compras. Hasta ese momento, los únicos dos directivos eran Antonio y José Ignacio. Rafael Pérez se postuló para este puesto y se lo planteó a Antonio y a José Ignacio. Rafael consideraba que tenía todos los requisitos para dicho puesto; Antonio y José Ignacio dieron el visto bueno ya que veían difícil decir que no a un socio que además tenía experiencia como director regional de Leroy Merlin y que lo planteaba como una cuestión personal. No obstante, antes de que se aprobara por el consejo, se decidió poner por escrito las competencias de cada uno y cómo se iban a resolver los conflictos que se originaran, recalcándose la importancia de continuar con una dirección parecida a la existente hasta ese momento en el que las decisiones tomadas por consenso era lo habitual. Los tres pasaron a conformar el comité de dirección. El consejo aprobó la incorporación de Rafael, mencionando lo relevante que iba a ser el que existiera una buena comunicación entre los miembros del comité de dirección.

En el mismo consejo, se decidió aumentar la estructura de la central de compras con un segundo jefe de producto (anteriormente un jefe de producto llevaba todas las familias de producto) con un perfil más enfocado hacia las familias decorativas, y la incorporación de una persona en el área de recursos humanos para mejorar los procesos de dicha área y en particular la formación de los equipos.

En ese consejo se advierte que se debe tener cuidado para que el fortalecimiento de la central de compras no suponga un aumento del número de PFG como consecuencia de un exceso de revisión de las gamas.

 Editorial

Tomás Alfaro Drake, Nieves Carmona González, Luis Expósito Sáez, Manuel Ferrer Navarro, Eduardo Gallo Rodríguez, Reyes Pablos Villaescusa, Isolino Pazos Villas y Marta Torres Polo con la supervisión del Profesor José Ramón Pin Arboledas.

1.9 Entrada del grupo HRC en el accionariado de Casa Hogar

A finales de 2006, con el asesoramiento Gonzalo Martín socio del despacho Garrigues, la multinacional irlandesa HCR entra en contacto con Casa Hogar a través de Finaves para ver la posibilidad de adquirir parte del accionariado e impulsar el crecimiento de la compañía, con la intención de ser líderes del mercado dentro del módulo de medianas superficies de bricolaje.

En junio de 2007 José Ignacio Hernández tuvo que solicitar un préstamo para Casa Hogar a HRC por importe de 1.000k para hacer frente a los problemas de tesorería. Había que hacer algo para poder hacer frente a estas circunstancias.

Todo el proceso de *due diligence* fue llevado por José Ignacio Hernández quien suministraba la información que se le requería. En mayo de 2007 se vendió la empresa, nunca se le facilitaron a HRC los datos que se llevaban sobre ese año.

1.10 En 2007 se prepara la venta

L a empresa fue valorada en 7,8 MM de euros , la multinacional HRC adquirió el 60% de las acciones de Casa Hogar . HRC puso 4,7 MM euros, de los cuales 3,7 MM euros fue para comprar las acciones a los accionistas y 1 MM de euros se destinaron para incrementar el patrimonio neto (532.166 euros como prima de emisión y 467.971 euros como ampliación de capital).

La sociedad de capital riesgo Finavest vendió el 100% de su participación inicial de casi 0,2 MM de euros por 0,9 MM de euros, la diferencia fue para pagar a los accionistas los cuales vendieron aproximadamente un 40% de las acciones que tenían por 2,8 MM de euros.

De esta forma, "El grupo irlandés HRC entra en España de la mano de Casa Hogar. La compañía, que controlaba el 26,3% de Uniland, adquiere una participación mayoritaria en la firma alicantina, que cuenta con diez supermercados de bricolaje." Publicado en la prensa nacional.

En julio de 2007 Arnold Abbot, nuevo presidente del Consejo de Administración de Casa Hogar, inició la sesión del consejo de administración requiriendo al equipo directivo sobre su candidato a director general. Semanas antes había pedido a los tres principales directivos de la compañía (Antonio Jiménez, Rafael Pérez y José Ignacio Hernández) que se pusieran de acuerdo sobre quién era la persona idónea para este puesto. El equipo directivo indicó que no se había llegado a ningún acuerdo entre ellos, habiéndose postulado para dicho puesto Rafael Pérez y Antonio Jiménez.

"No creo que sea necesaria la existencia de un director general. Sugiero continuar con una gerencia tricéfala como hasta ahora", —añadió José Ignacio Hernández, "pero que, si fuera necesario elegir un director general, considero que la mejor opción es la de Antonio."

Ante la falta de consenso, el consejo decidió, a propuesta de su presidente, el nombramiento de Rafael Pérez como director general, argumentando que se necesitaba que José Ignacio siguiese en sus funciones de director financiero y Antonio como director de la central de compras, funciones ambas críticas para la compañía.

Antonio Jiménez, por su parte, expresó su temor a que el nombramiento de Rafael hiciese ingobernable la sociedad dadas las frecuentes disputas sobre la forma de conducir el modelo de negocio entre Rafael y los otros dos directores de la compañía, que venían de antaño.

Tomás Alfaro Drake, Nieves Carmona González, Luis Expósito Sáez, Manuel Ferrer Navarro, Eduardo Gallo Rodríguez, Reyes Pablos Villaescusa, Isolino Pazos Villas y Marta Torres Polo con la supervisión del Profesor José Ramón Pin Arboledas.

1.11   Los problemas de Casa Hogar.

En septiembre de 2007 se hacían evidentes los efectos de la crisis económica. Casa Hogar empezaba a tener problemas de resultados y de tesorería. "Es importante volver a una tendencia positiva en el desarrollo de la compañía. Se necesita, más que el beneficio inmediato, un desarrollo sostenido de las actividades," —comentó Arnold Hopman al resto de consejeros.

Cuatro de las tiendas presentaban márgenes de contribución negativos (Torrevieja, San Javier, Cullera y el Albir). Dado que parecía que no tenían posibilidad de reflotamiento por no ser ubicaciones adecuadas o por los altos alquileres que se pagaban por los locales, Arnold y Abbi (director financiero de HRC) solicitaron al equipo directivo una propuesta sobre el procedimiento y los costes de cierre de estas tiendas.

La multinacional HRC, socio mayoritario, quería, previamente a la aprobación de nuevas inversiones, tener claro que el modelo Casa Hogar funcionaba en las nuevas circunstancias del mercado, con una crisis incipiente. Era consciente, no obstante, de que la organización estaba diseñada para crecer y que un retraso en ese crecimiento podía significar una desmotivación del equipo directivo. Rafael comentó al respecto que la compañía estaba en trámites de firmar contratos para abrir cuatro nuevas tiendas.

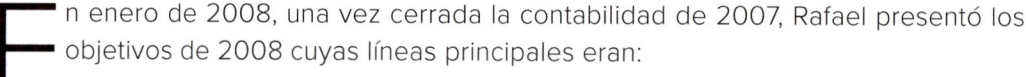

1.12   Año 2008

En enero de 2008, una vez cerrada la contabilidad de 2007, Rafael presentó los objetivos de 2008 cuyas líneas principales eran:

- ≡ **Ventas:** 15,5 millones de euros. "Cifra de venta agresiva pero realista" según comenta Rafael Pérez. Implica pasar de una disminución del 11% (a superficie equivalente) en el 2007 a un aumento del 6,5% (a superficie equivalente) en el 2008.
- ≡ **Margen sobre ventas:** subir el margen del 31,6% en el 2007 a un margen del 32,4% en el 2008.
- ≡ Reducción del **coste de personal** del 24,1% al 16,8% sobre ingresos.
- ≡ **Ebitda:** -133.031 euros.

También se había detectado un problema con la rotación de las existencias (los días de rotación eran cercanos a los 240 días) y un problema de tesorería, en parte consecuencia de las elevadas existencias.

En años anteriores, las tensiones de tesorería se habían solventado aumentando el plazo de pago a los proveedores y consiguiendo financiación de entidades financieras. Pero a finales de 2007 había serias dificultades para conseguir dicha financiación. En el consejo de noviembre de 2007, José Ignacio Hernández comentó que la dificultad para conseguir más financiación bancaria se debía no solo a la negativa situación de los bancos españoles y la restricción del crédito sino también a los resultados negativos de Casa Hogar y el hecho de que la financiación no fuese para inversión sino para cubrir pérdidas y financiar activo circulante.

Además, los resultados adversos perjudicaban la imagen de Casa Hogar frente a las entidades de calificación de riesgo, lo que implicaba una reducción del riesgo que estaban dispuestos a asumir los proveedores. Emilio Ferrando, consejero de la empresa, indicaba: "los proveedores están reduciendo los días de pago pudiendo llegar a exigir el pago al contado"

En este escenario el debate era: ¿tiene futuro nuestro modelo de negocio?, ¿cuál es la solución al problema de stock que tenemos?, ¿debemos seguir creciendo o más bien cerrando tiendas?

No había consenso entre el equipo directivo, unos pensaban que había que ir a tiendas más grandes, otros que a tiendas más pequeñas y de barrio. Tampoco existía consenso sobre las existencias., "Hay que cambiar rápidamente las gamas que no funcionaban," —expresaba un consejero. "Sí, pero ¿qué hacemos con las existencias que nos quedan?" —comentaba otro.

 | Editorial

Tomás Alfaro Drake, Nieves Carmona González, Luis Expósito Sáez, Manuel Ferrer Navarro, Eduardo Gallo Rodríguez, Reyes Pablos Villaescusa, Isolino Pazos Villas y Marta Torres Polo con la supervisión del Profesor José Ramón Pin Arboledas.

1.13 Anexos

1.13.1 ANEXO 1. Análisis de la competencia

Leroy Merlin llegó a España en el año 1989 y su desarrollo fue, durante los primeros años, lento ya que había que adaptar las gamas que venían de un consumidor francés al consumidor español. El concepto de tienda se fue convirtiendo en más decorativo y la base del negocio era ser un multiespecialista que aglutinaba en un mismo techo diversas familias de productos: baños, cerámica, muebles, ferretería y herramientas, pintura, madera, etc.

En 2002 Leroy Merlin era el líder del mercado y en los años sucesivos se fue consolidando su posición y especialmente desde que el grupo Adeo, al cual pertenece Leroy Merlin, hiciera la compra en 2007 de Aki bricolaje y lanzara el concepto *hard discount* mediante BricoMart.

Al margen de las grandes superficies, el resto de la competencia estaba dividida en dos grupos, el bricolaje que se dio en llamar pesado (materiales de construcción, especialistas en baños y cerámica, etc.) que tenía una gama profunda, venta asistida y con bastante competencia local y el bricolaje ligero que estaba realizado principalmente por un comercio tradicional con poca profundidad de gama, con venta mostrador y poco profesionalizado.

Por último, se sabía que el sector de la distribución era un sector con importantes economías de escala (compras, publicidad, logísticas, etc.) y donde era importante crecer si se quería tener alguna oportunidad de subsistir.

Es importante señalar que, aunque estas empresas ya estaban presentes en España en el período de 2001 a 2007, algunas experimentaron cambios específicos en sus estrategias comerciales durante esos años. La competencia en el sector del bricolaje durante ese período fue intensa, con estas y otras empresas compitiendo por la preferencia de los consumidores en un mercado en evolución.

1.13.2 ANEXO II. Situación de los accionistas después de la venta

Antonio Jiménez	9,7 %
José Ignacio Hernández	8,0 %
Rafael Pérez	5,3 %
HRC	63,9 %
Minoritarios dispersos	13,1 %

FINAVEST, el fondo fundador, vendió el 100% de sus acciones.

1.13.3 ANEXO III. Balances y cuentas de pérdidas y ganancias de Casa Hogar en 2006/2007

Balances de situación al 31 de diciembre de 2007 y de 2006

(Expresados en euros)

ACTIVO	31/12/2007	31/12/2006
ACTIVO NO CORRIENTE	5.674.602	4.303.528
Inmovilizaciones intangibles	1.324.395	1.178.514
Coste	1.867.956	1.569.496
Amortizaciones	-543.561	-390.983
Inmovilizaciones materiales	2.676.228	2.723.819
Coste	3.081.567	3.077.839
Amortizaciones	-405.339	-354.021
Inmovilizaciones financieras	1.673.978	401.195
Coste	1.673.978	401.195
ACTIVO CORRIENTE	4.811.919	4.769.181
Existencias	4.579.910	4.096.378
Coste	4.579.910	4.096.378
Deudores	73.751	365.243
Personal	1.223	35.156
Administraciones Públicas	72.528	330.088
Inversiones financieras temporales	598	598
Coste	598	598
Tesorería	121.100	279.405
Ajustes por periodificación	36.561	27.558
TOTAL ACTIVO	10.486.521	9.072.709

PASIVO	31/12/2007	31/12/2006
FONDOS PROPIOS	666.289	762.934
Capital suscrito	2.907.883	1.440.050
Prima de emisión	532.167	-
Resultados negativos de ejercicios anteriores	-677.116	-245.332
Pérdidas y Ganancias	-2.096.646	-431.784
PASIVO NO CORRIENTE	1.967.644	2.530.879
Deudas con entidades de crédito	1.700.977	50.000
Deudas con empresas del grupo y asociadas	-	900.000
Otros acreedores	266.667	1.580.879
PASIVO CORRIENTE	7.852.588	6.781.550
Deudas con entidades de crédito	1.164.729	604.228
Deudas con empresas del grupo y Asociadas	1.502.232	
Acreedores comerciales	4.328.344	4.172.015
Otras deudas no comerciales	837.283	1.002.654
Administraciones Públicas	110.045	57.560
Otras deudas	633.333	843.355
Remuneraciones pendientes de pago	93.905	101.739
Provisiones para operaciones de tráfico	20.000	-
TOTAL PASIVO	10.486.521	9.072.709

Tomás Alfaro Drake, Nieves Carmona González, Luis Expósito Sáez, Manuel Ferrer Navarro, Eduardo Gallo Rodríguez, Reyes Pablos Villaescusa, Isolino Pazos Villas y Marta Torres Polo con la supervisión del Profesor José Ramón Pin Arboledas.

Cuentas de pérdidas y ganancias correspondientes a los ejercicios 2007 y 2006
(Expresadas en euros)

	2007	2006
Importe neto de la cifra de negocios	10.230.427	9.599.736
Trabajos efectuados por la empresa para el inmovilizado	239.742	916.178
Otros ingresos de explotación	119.923	238.187
TOTAL INGRESOS DE EXPLOTACIÓN	10.590.091	10.754.101
Aprovisionamientos	6.995.524	6.624.092
Gastos de personal	2.473.869	2.088.849
Sueldos, salarios y asimilados	1.334.132	1.080.092
Cargas Sociales	1.139.737	1.008.756
Dotaciones para amortizaciones de inmovilizado	735.206	539.520
Otros gastos de explotación	2.975.995	1.853.944
Servicios exteriores	2.471.452	1.837.324
Tributos	52.341	10.344
Otros gastos de gestión corriente	162.393	6.275
Pérdidas procedentes del inmovilizado	289.808,32	
TOTAL GASTOS DE EXPLOTACIÓN	13.180.594	11.106.405
RESULTADO DE EXPLOTACIÓN	-2.590.503	-352.304
Ingresos de participaciones en capital	4	4
Otros intereses e ingresos asimilados		713
TOTAL INGRESOS FINANCIEROS	4	717
Gastos financieros y asimilados	373.445	265.247
TOTAL GASTOS FINANCIEROS	373.445	265.247
RESULTADO FINANCIERO	-373.441	-264.530
RESULTADO DE LAS ACTIVIDADES ORDINARIAS	-2.963.944	-616.834
RESULTADO ANTES DE IMPUESTOS	-2.963.944	-616.834
Impuesto sobre Sociedades	-867.299	-185.050
RESULTADO DEL EJERCICIO	-2.096.646	-431.784

1.13.4 ANEXO IV. Situación de los empleados

El número medio de personas empleadas durante el ejercicio 2007, distribuido por géneros y categorías, es el siguiente:

	Hombres	Mujeres	Número de Empleados
Directivos	3	0	3
Servicios centrales	1	8	9
Personal tienda	33	33	66
TOTAL	37	41	78

1.13.5 ANEXO V. Análisis macroeconómico y marco legal

En el período de 2001 a 2007, España experimenta cambios significativos tanto políticos, económicos como sociales.

Entre 1995 y 2007 el Producto Interior Bruto (PIB) de la economía española crecía a un ritmo del 3,5% anual, la formación bruta de capital al 7,2% y los beneficios empresariales al 4,7%; esto se debió en gran medida al esfuerzo que todos los españoles hicieron para cumplir con el Tratado de Maastricht (febrero 1992):

≡ El déficit presupuestario no podía superar el 3% PIB.

≡ La deuda pública no podía ser superior al 60% del PIB.

≡ El tipo de interés nominal a largo plazo no debía ser superior al 2% de la media de los tres países con menor tasa de inflación.

≡ El mecanismo del tipo de cambio debía ajustarse durante los dos años previos a la unión monetaria.

≡ La tasa de inflación no podía superar el 1,5% de la media de los tres países de la eurozona con menor inflación en los tres años previos a la incorporación.

Fue entonces cuando España diseñó una serie de políticas económicas (fiscal, monetaria y de tipo de cambio) que exigió un esfuerzo ímprobo pero que los españoles apoyaron eficazmente para poder formar parte de la Unión Monetaria.

El cumplimiento de estos objetivos y con la entrada de España en la Unión Europea generó confianza en nuestro país y la inversión extranjera quiso formar parte de este milagro económico. La Demanda Agregada creció por diferentes motivos, entre ellos, la bajada de los tipos de interés favoreció la demanda de crédito de las empresas y las familias (compra de viviendas) lo que repercutió en un aumento de la inversión que a su vez favoreció la creación de empleo (de 1995 a 2007 se crearon un millón y medio de puestos de trabajo en el sector de la construcción). Por otro lado, las buenas expectativas de la economía animaron la entrada de inmigrantes lo que repercutió en un aumento del consumo.

Este clima de bonanza, buenas expectativas y confianza se tradujo en un aumento de la demanda de viviendas animada por la facilidad crediticia y el dinero barato. El precio

 | Editorial

Tomás Alfaro Drake, Nieves Carmona González, Luis Expósito Sáez, Manuel Ferrer Navarro, Eduardo Gallo Rodríguez, Reyes Pablos Villaescusa, Isolino Pazos Villas y Marta Torres Polo con la supervisión del Profesor José Ramón Pin Arboledas.

de la vivienda comenzó a subir por encima de lo que crecía la renta lo que provocó la burbuja inmobiliaria que arrastraría al resto de sectores económicos dando lugar a la crisis de 2008.

A esta crisis contribuyeron también factores externos. En primer lugar, el aumento del tipo de interés en EEUU (de 2004 a 2006 el tipo de interés pasó del 1% al 5,25%) se trasladó a Europa encareciendo los préstamos; en segundo lugar, la recesión económica de EEUU afectó negativamente al comercio internacional y, por último, las pérdidas de muchos bancos europeos, que habían adquirido deuda hipotecaria subprime, supuso una crisis bancaria sin precedentes.

Durante el periodo analizado, España crecía por encima de los países del euro hasta 2006 mientras que la tasa de variación del IPC, aunque moderada, crecía por encima de los países de la eurozona.

Fuente: https://economipedia.com/actual/analisis-la-evolucion-de-la-economia-espanola-en-el-siglo-xxi.html

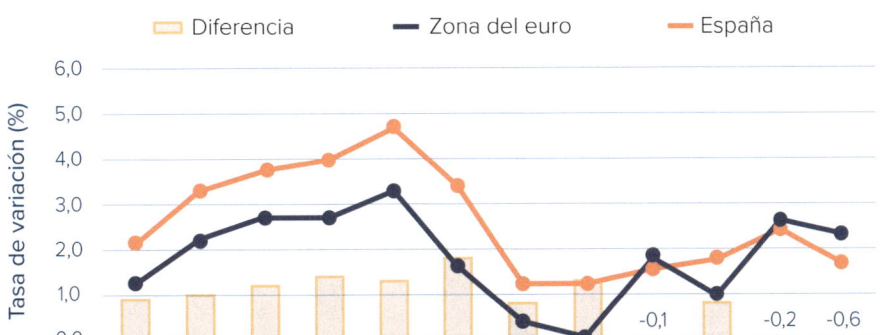

Tasa de variación del PIB per cápita real (1996-2007)

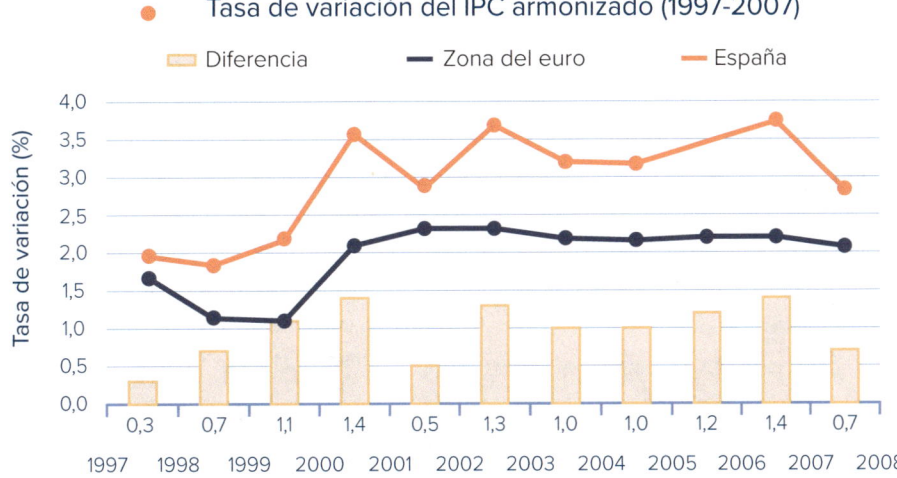

Tasa de variación del IPC armonizado (1997-2007)

La tasa de paro, debido al crecimiento económico, se redujo pasando de un 16% en 1998 a un 8% en 2006 convergiendo con la media de los países del euro. Pese a las

buenas cifras económicas el saldo de la balanza por cuenta corriente era muy deficitario (en 1998 era de -2% y en 2007 de casi – 10%).

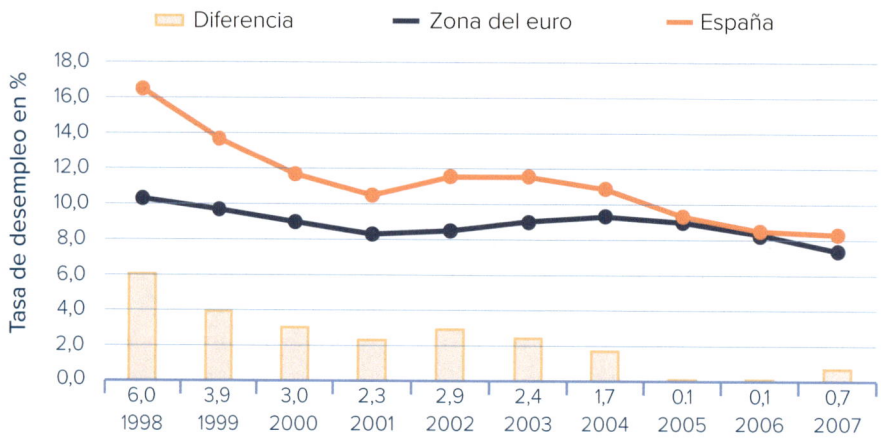

Tasa de desempleo (1998-2007)

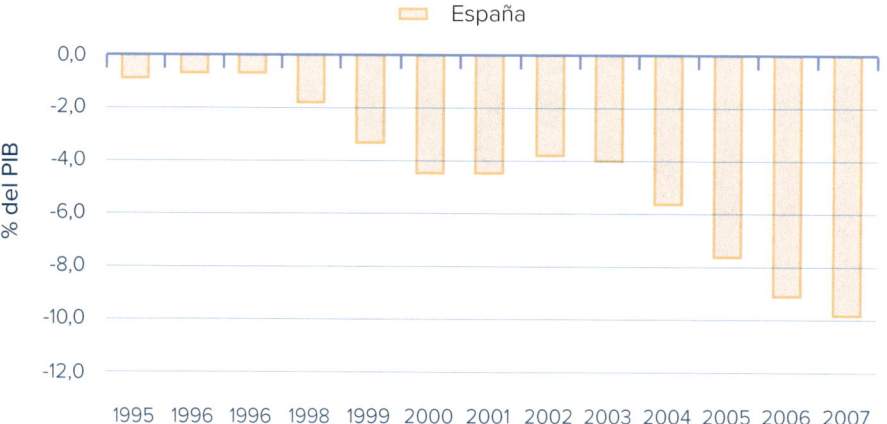

Saldo de la balanza por cuenta corriente (1995-2007)

Hay que destacar el hito histórico de unas cuentas públicas saneadas. Por un lado, la deuda pública descendía del 58% (2000) al 35% (2007) mientras que el déficit público no solo se reducía desde 2000 sino que desde 2005 hay superávit presupuestario.

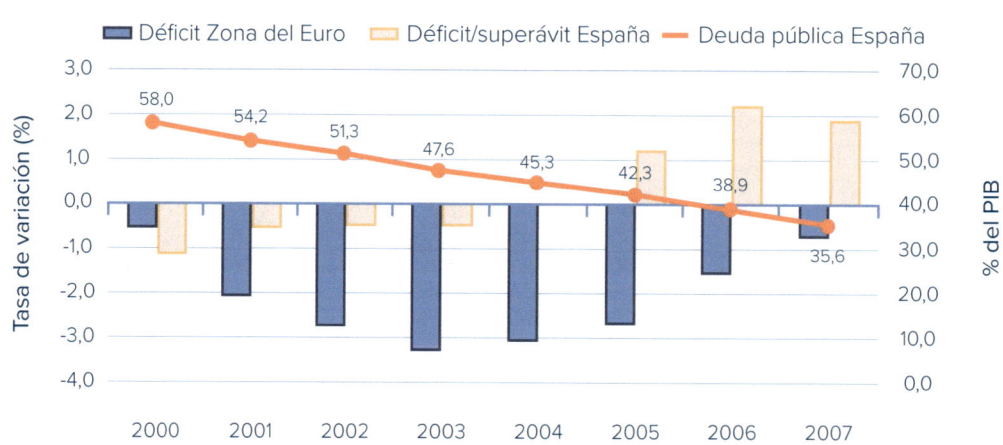

Deuda y déficit público (2000-2007)

 UFV | Editorial

Tomás Alfaro Drake, Nieves Carmona González, Luis Expósito Sáez, Manuel Ferrer Navarro, Eduardo Gallo Rodríguez, Reyes Pablos Villaescusa, Isolino Pazos Villas y Marta Torres Polo con la supervisión del Profesor José Ramón Pin Arboledas.

Contexto económico

≡ España vive un período de crecimiento económico sólido durante gran parte de este período, con tasas de crecimiento anual que superaron la media de la eurozona. Durante estos años, el PIB español creció a tasas anuales que a menudo superaban el 3% y la inflación en España durante ese período fue moderada. La construcción y el sector inmobiliario son motores clave de la economía aunque generan situaciones de vulnerabilidad a largo plazo.

≡ La burbuja inmobiliaria alcanzó su punto máximo durante estos años, con un auge en la construcción de viviendas, lo que supone un incremento en los precios.

≡ A finales de los años 2000, la economía global enfrentó la crisis financiera. La burbuja inmobiliaria se desinfla, los precios de la vivienda caen y dejan al descubierto la fragilidad del sistema financiero español.

Contexto Social

≡ El auge económico generó un aumento en la creación de empleo, gran parte de ellos vinculados al sector de la construcción. Se incrementa el número de trabajadores extranjeros especialmente en el sector de la construcción.

Contexto Político

≡ En 2004 se produce un cambio de gobierno en España. El Partido Socialista Obrero Español (PSOE), liderado por José Luis Rodríguez Zapatero, gana las elecciones, poniendo fin al gobierno del Partido Popular.

≡ Atentados de Madrid y Participación en la Guerra de Irak: En marzo de 2004, España sufrió uno de los peores ataques terroristas de su historia, con atentados en trenes en Madrid. La participación de España en la Guerra de Irak fue un tema importante en el cambio de gobierno, y la retirada de las tropas españolas fue una de las primeras decisiones tomadas por el nuevo gobierno.

≡ El gobierno de Zapatero se enfrenta a desafíos económicos significativos, especialmente durante la crisis financiera.

Contexto Legal

≡ Ley 12/2001, de 9 de julio, de Medidas Urgentes de Reforma del Mercado de Trabajo para el Incremento del Empleo y la Mejora de su Calidad: Esta ley introdujo diversas medidas para fomentar el empleo y mejorar la calidad del trabajo, incluyendo cambios en la contratación temporal, la formación profesional y la adaptabilidad de las condiciones de trabajo.

≡ Real Decreto Legislativo 1/2001, de 20 de julio, por el que se aprueba el texto refundido de la Ley de Aguas: Aunque no es específicamente laboral, esta ley también es relevante ya que afecta a trabajadores en sectores relacionados con el uso y gestión del agua.

≡ Ley 45/2002, de 12 de diciembre, de medidas urgentes para la reforma del sistema de protección por desempleo y mejora de la ocupabilidad. Esta ley tuvo como objetivo reformar el sistema de protección por desempleo y mejorar la empleabilidad de los trabajadores.

Legislación laboral

- Ley 12/2001, de 9 de julio, de Medidas Urgentes de Reforma del Mercado de Trabajo para el Incremento del Empleo y la Mejora de su Calidad: Esta ley introdujo diversas medidas para fomentar el empleo y mejorar la calidad del trabajo, incluyendo cambios en la contratación temporal, la formación profesional y la adaptabilidad de las condiciones de trabajo.
- Ley 45/2002, de 12 de diciembre, de medidas urgentes para la reforma del sistema de protección por desempleo y mejora de la ocupabilidad. Esta ley tuvo como objetivo reformar el sistema de protección por desempleo y mejorar la empleabilidad de los trabajadores.
- El Real Decreto Legislativo 1/1995, de 24 de marzo, por el que se aprueba el texto refundido de la Ley del Estatuto de los Trabajadores.
- Ley 43/2006, de 29 de diciembre, para la mejora del crecimiento y del empleo.
- Real Decreto 1382/1985, de 1 de agosto, por el que se regula la relación laboral de carácter especial del personal de alta dirección.

Legislación mercantil

- La Ley 8/1986, de 29 de diciembre, de la Generalitat, de Ordenación del Comercio y Superficies Comerciales.
- Directiva 2005/29/CE, del Parlamento y del Consejo, de 11 de mayo de 2005, relativa a las prácticas comerciales desleales de las empresas en sus relaciones con los consumidores en el mercado interior.
- Directiva 2006/123/CE, del Parlamento Europeo y del Consejo, de 12 de diciembre de 2006, relativa a los servicios en el mercado interior.
- Real Decreto de 22 de agosto de 1885 por el que se publica el Código de Comercio
- Real Decreto 1784/1996, de 19 de julio, por el que se aprueba el Reglamento del Registro Mercantil.
- Ley 7/1996, de 15 de enero, de Ordenación del Comercio Minorista.
- Ley 7/1998, de 13 de abril, sobre condiciones generales de la contratación.
- Ley 16/1989, de Defensa de la Competencia, de 17 de julio.
- Ley 1/2002, de 21 de febrero, de coordinación de las competencias del Estado y las Comunidades Autónomas en materia de defensa de la competencia.
- Reglamento (CE) n.º 139/2004 del Consejo, de 20 de enero de 2004, sobre el control de las concentraciones entre empresas.
- Ley 3/1991, de 10 de enero, de Competencia Desleal.
- Ley 26/1984, de 19 de julio, General para la Defensa de los Consumidores y Usuarios.
- Ley 22/2003, de 9 de julio, Concursal.

Tomás Alfaro Drake, Nieves Carmona González, Luis Expósito Sáez, Manuel Ferrer Navarro, Eduardo Gallo Rodríguez, Reyes Pablos Villaescusa, Isolino Pazos Villas y Marta Torres Polo con la supervisión del Profesor José Ramón Pin Arboledas.

2 CASA HOGAR FINANZAS

Caso realizado por **Tomás Alfaro Drake e Ignacio Carnicero** con la supervisión del **Profesor José Ramón Pin Arboledas** y **Marta Torres Polo.**

El caso no supone una valoración de las circunstancias en el redactadas. Se presenta como base de discusión y no como la ilustración de la gestión adecuada o inadecuada de una situación determinada.

El copyrigth de este caso pertenece a la Universidad Francisco de Vitoria.

El caso **CASA HOGAR FINANZAS** se ha basado en las experiencias de sus protagonistas. **Algunos de sus datos están disimulados, pero reflejan la realidad.** Se desarrollan aspectos específicos de la problemática descrita en él, la intención es que todos se refieran a un **marco de Dirección General y Análisis estratégico.**
Se contemplan **aspectos financieros, de marketing, operaciones, entorno económico, legal, ético y de gobernanza, etc.** ■

2.1   Casa Hogar Finanzas A

El día 15 de Enero de 2008, Arnold Abbot, Presidente de Casa Hogar y directivo, del Grupo irlandés HRC, socio mayoritario de Casa Hogar, recibió un primer borrador de las cuentas de 2007. Este borrador del Balance y la Cuenta de Pérdidas y Ganancias, con sus notas explicativas del Auditor, puede verse en el anexo 1. Si el Consejo de Administración de Casa Hogar del día 18 de Enero las aprobaba, cosa que no ofrecía duda, la firma auditora de Casa Hogar le había comunicado que emitiría un informe sin salvedades. Habría que añadir a las cuentas el informe de gestión correspondiente que, si se ajustaba a las cuentas, cosa que no dudaba que ocurriese, también recibiría el visto bueno del auditor.

Los resultados del ejercicio 2007 de Casa Hogar, aunque sospechados, dejaron sin aliento a Mr. Abbot cuando se confirmaron las sospechas. Sabía que en el Consejo de Administración de HCR, que se celebraría a finales de Febrero de 2008, tendría que presentar los resultados de la filial española junto con las alternativas abiertas a consideración y su recomendación. La situación pintaba bastante negra.

Vistas a vuelo de pájaro, las cuentas presentaban unas pérdidas antes de impuestos de cerca de 3 millones de euros frente a las poco menores de 620.000€ de 2006.

Las deudas del balance podrían clasificarse de la siguiente manera (datos en miles de €):

Partida	Clasificación de la deuda	Cantidad	Δ 06-07
Proveedores	Amortización inmediata, sin intereses[1]	4.328	4%
Varios[2]	Revolving, sin intereses	130	N.S.
Deudas con bancos a largo	Amortizable y con intereses	1.701	x34
Deudas con bancos a corto	Amortizable y con intereses	1.165	93%
Empresa nacional de Innovación	Amortizable y con intereses	267	-83%
Otras deudas	Amortizable y con intereses	633	-25%
Deudas con la empresa matriz	No amortizable. Con intereses[3]	1.502	67%
TOTAL[4]		9.736	20%

1   Hasta reducirlas a un nivel comercial aceptable.
2   IVA repercutido-IVA soportado+remuneración paga extraordinaria pendientes-deudas de empleados con la compañía.
3   Tiene la forma de crédito participativo. Aunque en teoría es amortizable, en la práctica no es posible que la matriz exija su amortización frente a otras deudas.
4   No se consideran aquí los 20.000€ de provisiones.

tenemos en cuenta que los préstamos sujetos a interés suman 5,3 millones de euros y los gastos financieros en 2007 ascienden a 373.000€ (ver anexo 1, cuenta de resultados), pudiera parecer que el tipo de interés promedio era del 7%. Pero este cálculo desfigura la realidad por dos motivos. El primero que el saldo medio de deudas a lo largo del año había sido mucho menor que los 5,3 millones de euros de fin de año. Esto llevaría a un mayor tipo de interés real. Pero, por otro lado, en la cifra de intereses de 373.000€ había incluidas comisiones por descubierto que suponían una parte importante de esa cifra. Mr Abbot indagó que el tipo de interés real promedio era del 7,9%.

Tomás Alfaro Drake con la supervisión del
Profesor José Ramón Pin Arboledas y Marta Torres Polo

Frente a este pasivo de terceros, la empresa tenía unos fondos propios de 666.000€. Esta cifra sería negativa en 1,3 millones de euros si HRC no hubiese hecho dos ampliaciones de capital a lo largo de 2.007 por un valor total de 2 millones de euros. Esto le otorgaba a HRC un 60% de participación (Ver Nota 11 de las cuentas de 2007). Dado que los 2 millones de euros aportados por HCR, que le habían dado 112.409 acciones nuevas, esto suponía una valoración de las acciones suscritas en esta ampliación de 17,79€/Acción, lo que extendido al total de las acciones, suponía una valoración de la empresa de 3,4 millones de euros. A la vista de la situación actual esta valoración parecía inaudita, teniendo. Además, en cuenta que su valor contable actual era de unos 3,5€/Acción y, a la vista de los resultados de 2007 y que era evidente que su valor real era notablemente menor que éste.

Con estos valores, la deuda suponía más de 15 veces los fondos propios (94% de endeudamiento). Si se considerase el crédito participativo como fondos propios, esta ratio bajaría a 3,8 veces (79% de endeudamiento). Ambos datos se antojaban insostenibles.

La cuenta de proveedores de 4,3 millones, habida cuenta de que las compras habían ascendido a casi 7 millones de euros, suponían un plazo de pago de 224 días, es decir, más de 7 meses.

Por el lado del activo, tres cosas llamaron la atención de Mr. Abbot.

La primera es que de los casi 1,6 millones de euros de inmovilizaciones financieras, la inmensa mayoría 1,2 millones de euros (según la nota 8 de las cuentas de 2007), eran la parte de impuestos correspondientes a las pérdidas acumuladas de ejercicios anteriores. Aunque la empresa tenía un plazo de hasta 10 años para compensar esta deuda de la Administración con los impuestos que se derivasen de beneficios futuros, no era en modo alguno un activo que se pudiese materializar en caso de liquidación.

La segunda cosa que le llamaba la atención eran los 1,2 millones de euros de gastos de establecimiento que aparecían en el activo. Estos eran gastos hundidos que nunca serían recuperables en liquidación ni añaden el más mínimo valor a la empresa. Si cualquiera de estos activos, o ambos, se restasen de los fondos propios, éstos serían de nuevo negativos a pesar de las ampliaciones de capital realizadas en 2007. Por otro lado, el activo liquidable, en caso de llegar a ese extremo, sería de tan sólo 8,1 millones de euros, a los que, habría que restar también los 326.000€ de fianzas constituidas para el arrendamiento de las tiendas (Según nota 8 de las cuentas de 2007). Esto dejaría el activo liquidable en 7,8 millones de euros. Si además se tuviese en cuenta que, en caso de liquidación no suele ser posible liquidar los activos por su valor contable, parece evidente que si se llegase a ese punto, HRC jamás recuperaría ni su capital ni el crédito participativo y, además, los acreedores no podrían recuperar, ni de lejos, su deuda completa.

La tercera cosa sorprendente era la enorme cifra de stocks. Si se ponía en relación su importe de 4,6 millones de euros con las compras de 7 millones, supondría tener el equivalente a 240 días, es decir, casi 8 meses.

Naturalmente, en el próximo Consejo de HRC tendría que plantear esta situación. Para poder presentar a la matriz un plan de rescate, Mr. Abbot pidió al Director General, Rafael Pérez, que le presentase un plan de actuación para el ejercicio 2008 que puede verse en

el anexo 2 desglosado por tiendas y el resultado de la Head Office. El plan del sr. Pérez presentaba un EBITDA negativo de 133.000€ y unas amortizaciones de unos 770.000€. Caso de mantenerse los actuales costes financieros de 2007 de 373.000€, las pérdidas antes de impuestos ascenderían a casi 1,3 millones de euros. Esto, aunque era mejor que las pérdidas de 3 millones de euros de 2007, distaba mucho de ser tranquilizador. Además, el Sr. Pérez presentó unas previsiones de resultados para años sucesivos que pueden verse en el siguiente cuadro (Según se dice en la nota 11 de las cuentas de 2007):

A pesar de que estos números, de 2009 en adelante, le parecieron a Mr. Abbot puro *wishful thinking,* ni siquiera conseguían en 2.012 cubrir las pérdidas acumuladas en 2007.

Año	2009	2010	2011	2012
BAI	(981.176)	(326.248)	470.993	1.210.240

Con estos datos, Mr. Abbot convocó a una reunión urgente para dentro de unos días a Rafael Pérez, junto a Antonio Jimenez, Director de Marketing, Compras y Operaciones y a José Ignacio Hernández, Director Financiero. El objetivo de esta reunión era cuádruple.

El primero, verificar las bases sobre las que el Sr. Pérez había realizado sus previsiones para 2008.

El segundo, a la vista de los resultados tremendamente negativos de varias de las tiendas, ver si sería conveniente replantearse la estrategia de crecimiento por otra de *cut down* de la empresa para sanear el Balance y la Cuenta de Resultados, cerrando las tiendas deficitarias o las que tenían un resultado muy pobre para la inversión que representaban. Por supuesto, en el cierre de tiendas habría que proceder despidiendo a los empleados con menor antigüedad para minimizar los costes de despido. Dado que todas las tiendas estaban en un radio geográfico pequeño, podría reubicare a los empleados más antiguos destinándolos a las tiendas donde se produjeran vacantes. Con esto, pensaba que el cierre de tiendas no tendría un coste laboral importante, aunque este punto debería consultarse con los abogados laboralistas con los que trabajaba Casa Hogar.

Sabía que esta política de *cut down* podría chocar con los intereses de otros socios, en especial el Fondo de Inversión, que, como es lógico, esperaba una estrategia de crecimiento con la idea de poder vender la empresa más adelante con una gran plusvalía. Pero, a fin de cuentas, y aunque hubiese que actuar con tacto, HRC tenía el 60% del capital y, por tanto, manos libres para definir la estrategia a seguir. La idea que se manejaba informalmente entre los directivos era que si se abrían muchas nuevas tiendas, los pesados gastos de overhead de la oficina central, que se consideraban fijos, se diluirían. Pero en su larga experiencia profesional Mr. Abbot había podido comprobar que una frase que oyó en su día a un profesor de la Escuela de Negocios en la que había hecho hace años un MBA, se cumplía de forma casi inexorable. Esa frase, dicha por un profesor perro viejo en años de consultoría a diferentes empresas venía a decir, socarronamente, que los gastos overhead eran casi siempre más listos que las ventas y que, cuando estas crecían, se enteraban y crecían más o menos en la misma proporción, aunque con cierto retraso. La propia experiencia de Mr. Abbot le había convencido de la sabiduría de esa frase y de que ese tipo de marginalismo era poco más que un autoengaño para

justificar una huida hacia delante que solía acabar mal. Ciertamente, había ocasiones en que se producían economías de escala, pero sólo si se actuaba enérgicamente para controlar los gastos. En su carrera profesional había estado bastantes años en Argentina. En esos años, además de aprender español y generar mucho callo profesional, se había aficionado al folclore local y se le había pegado el estribillo de un cantautor poeta gaucho que decía: "La vanidad es yuyo malo que envenena toda huerta. Es preciso estar alerta manejando el azadón, pero no fata el varón que la siembra hasta en su puerta". Este estribillo, aplicado al contexto de los gastos generales, le parecía muy oportuno. Y, en los escasos meses que llevaba como presidente de Casa Hogar, no le parecía que hubiese mucha cultura de azadón. Ciertamente, el tremendamente expansivo ciclo económico, con inmensas cantidades de dinero en todo el mundo y tipos de interés por los suelos, incentivaba más la cultura del crecimiento desbocado que la del azadón, pero el estribillo de Jorge Cafrune no dejaba de tener enjundia. Un verso de Rudyard Kipling empezaba diciendo: "Si sabes mantener la cabeza en su sitio cuanto todo a tu alrededor es cabeza perdida...". A menudo se preguntaba si el mundo no habría perdido la cabeza. Y le parecía una pregunta sana.

El tercer objetivo de la reunión era ver si con un enérgico plan de reducción y liquidación de stocks, se podían utilizar los fondos liberados por este plan para normalizar la situación con los proveedores, que parecía insostenible. Tal vez no sería descabellado buscar un reequilibrio entre ambas partidas. Este objetivo le parecía que era el más razonable de conseguir y por eso lo daba por sentado. Por supuesto, en su día, pediría al Sr. Jiménez un plan al respecto.

Sin embargo, el cuarto objetivo era el más importante de todos y, según creía, el más difícil de conseguir y en el que con mayor facilidad se podía caer en el *wishful thinking*. Se trataba de ver si era posible dar una vuelta de tuerca más a la reducción de gastos, con una enérgica actuación del azadón. Prefería actuar sobre la reducción de gastos que sobre el aumento de ventas, ya que en este capítulo de las ventas era más fácil caer en el defecto de que el papel lo aguanta todo y porque, además, ya le parecía poco realista que se partiese de un aumento de ventas del 6,5% para 2008 cuando se venía de experimentar un 11% de declive en 2007. Esto de la reducción de costes, que era conveniente en cualquier circunstancia, era vital en situaciones límite como la que, a su juicio, atravesaba Casa Hogar. Por lo tanto, se trataba de actuar dejando claro a toda la plantilla, tanto de tiendas como de la central que en caso de no conseguirse esa reducción, no quedaría más remedio que liquidar la empresa. Habría que contar también con el coste de despidos para hacer esto. Aunque la legislación laboral española era de las más rígidas de los países de la OCDE, las antigüedades de los trabajadores y, por tanto, el coste de despido, no sería muy alto. Pero también en este punto habría que contar con el consejo de los abogados laboralistas. En su larga carrera, Mr. Abbot había tenido que aplicar más de una vez esta cirugía de amputación. Sabía lo duro que era y esperaba que el Sr. Jiménez le hiciese un planteamiento convincente. En estos casos convenía fijar un ambicioso objetivo de reducción para lograrlo después a golpes enérgicos de azadón.

Con todo esto, debería pensar muy bien que alternativas plantear al Consejo de la matriz en Irlanda. Pero antes de ese Consejo, que tendría lugar a finales de Febrero quería formular estas alternativas en el Consejo de Casa Hogar del viernes 18 de Enero.

2.1.1 ANEXO A

SEDE		Ventas Netas	Margen excl. Descuento por compras y diferencias de stock	Diferencias de Stock	Descuentos de Compras	Margen incl. Descuentos por compras	Coste de personal	Costes po alquilere
Torrevieja	%	100%	32,6%	-1,2%	2,4%	33,8%	14,3%	10,4%
	Importe	1.077.168	350.825	-12.926	25.852	363.751	154.372	111.878
Denia	%	100%	32,5%	-1,2%	2,4%	33,7%	12,8%	8,3%
	Importe	1.635.003	531.977	-19,620	39.240	551.597	209.678	135.07:
Orihuela	%	100%	32,6%	-1,2%	2,4%	33,8%	11,4%	13,7%
	Importe	1.639.429	534.219	-19.673	39.346	553.892	187.046	225.39(
Santa Pola	%	100%	32,5%	-1,2%	2,4%	33,7%	12,5%	7,7%
	Importe	1.378.560	448.655	-16.543	33.085	465.198	171.664	106.59:
Mazarrón	%	100%	32,1%	-1,0%	1,9%	33,1%	10,5%	8,7%
	Importe	1.504.250	482.864	-14.453	28.906	497.317	157.381	131.084
San Javier	%	100%	32,6%	-1,2%	2,4%	33,8%	12,3%	13,1%
	Importe	947.626	308.578	-11.372	22.743	319.949	116.510	123.79
El Albir	%	100%	32,6%	-1,2%	2,4%	33,8%	17,4%	19,0%
	Importe	732.195	238.765	-8.786	17.573	247.551	127.341	139.09
La Zenia	%	100%	32,6%	-0,8%	1,7%	33,4%	9,2%	10,4%
	Importe	1.984.409	646.917	-16.601	33.202	663.518	182.848	206.72:
Cullera	%	100%	30,6%	-1,2%	2,4%	33,8%	14,8%	9,4%
	Importe	845.312	258.665	-10.144	20.287	268.809	124.896	79.711
Ciudad Quesada	%	100%	32,5%	-1,2%	5,2%	36,5%	9,3%	10,4%
	Importe	2.503.448	812.690	-30.041	130.083	912.731	233.374	260.0C
Ondara	%	100%	32,5%	-1,2%	6,5%	37,8%	13,1%	9,4%
	Importe	1.213.879	394.501	-14.567	79.133	459.068	158.855	114.190
Total Tiendas	%	100%	32,4%	-1,1%	3,0%	34,3%	11,8%	10,6%
	Importe	15.461.279	5.008.657	-174.725	469.451	5.303.382	1.823.966	1.633.54
Head Office							772.347	
Total	%	100%	32,4%	-1,1%	3,0%	34,3%	16,8%	10,6%
	Importe	15.461.279	5.008.657	-174.725	469.451	5.303.382	2.596.313	1.633.54

Int: 373.444   BAI=BDI: -1.280.264   CFDI: -506.475

Costes diversos a los alquileres relacionados con tiendas	Costes de envío	Otros Costes de las tiendas	Costes de Marketing	Costes de IT	Descuentos de los Proveedores	Otros Costes	EBITDA	Amortización	BAIT
5,6%	0,5%	2,4%	3,5%	0,0%	-3,1%	0,5%	-0,4%	3,3%	-3,8%
60.390	4.847	26.148	37.854	480	-33.392	5.640	-4.466	36.072	-40.538
3,0%	0,5%	1,7%	3,5%	0,6%	-3,1%	0,3%	6,2%	2,8%	3,5%
48.550	7.358	28.577	57.296	9.360	-50.685	4.440	101.951	45.342	56.609
2,7%	0,5%	2,0%	2,9%	0,4%	-3,1%	0,3%	2,9%	2,7%	0,3%
44.870	7.377	32.358	48.356	6.720	-50.822	4.470	48.120	44.012	4.108
3,5%	0,5%	2,1%	3,0%	0,6%	-3,1%	0,3%	6,7%	4,3%	2,5%
47.710	6.204	29.074	41.711	7.620	-42.735	4.440	92.917	58.830	34.087
3,9%	0,4%	1,9%	2,0%	0,0%	-3,1%	0,3%	8,5%	5,2%	3,3%
59.350	5.420	27.957	30.315	480	-46.632	4.350	127.613	78.300	49.313
6,3%	0,5%	2,7%	3,3%	0,9%	-3,1%	0,4%	-2,6%	7,1%	-9,7%
59.290	4.264	25.373	31.585	8.820	-29.376	4.080	-24.395	67.668	-92.063
8,1%	0,5%	3,5%	4,7%	0,1%	-3,1%	0,6%	-16,9%	15,6%	-32,5%
59.500	3.295	25.881	34.173	480	-22.698	4.440	-123.962	114.360	-238.322
3,0%	0,3%	1,5%	1,9%	0,0%	-3,1%	0,2%	10,0%	5,8%	4,2%
59.530	6.225	30.080	37.026	480	-61.517	4.440	197.684	114.360	83.324
5,2%	0,5%	2,5%	3,5%	0,0%	-3,1%	0,4%	0,6%	5,3%	-4,6%
43.937	3.804	20.971	29.368	354	-26.205	3.277	-11.303	60.360	-71.663
2,0%	0,5%	1,4%	2,9%	0,0%	-3,1%	0,1%	12,9%	3,1%	9,8%
50.250	11.266	34.954	73.708	400	-77.607	3.700	322.687	76.717	245.970
4,1%	0,5%	2,1%	2,7%	0,0%	-3,1%	0,3%	8,6%	4,1%	4,5%
50.250	5.462	25.927	33.330	400	-37.630	3.700	104.583	50.300	54.283
3,8%	0,4%	2,0%	2,9%	0,2%	-3,1%	0,3%	5,4%	4,8%	0,7%
583.627	65.522	307.301	454.722	35.594	-479.300	46.977	831.428	746.321	85.108
				98.376		93.736	-964.459	27.468	-991.927
3,8%	0,4%	2,0%	2,9%	0,9%	-3,1%	0,9%	-0,9%	5,0%	-5,9%
583.627	65.522	307.301	454.722	133.970	-479.300	140.713	-133.031	773.789	-906.820

2.2 Casa Hogar Finanzas B

Mientras esperaba los informes que le tenían que enviar los Srs. Jiménez y Hernández, Mr. Abbot creyó conveniente explicitar las alternativas posibles que podría presentar en el Consejo de HRC, aunque tras recibir los informes y evaluarlos pudiese tener que descartar alguna o algunas de las tres. En el Consejo de Casa Hogar del día 18 de Enero planteó estas tres posibles alternativas:

≡ **1.ª Ver si era posible plantear un escenario en el que se hiciese una operación acordeón con una drástica reducción de capital** disminuyendo el valor nominal de la acción de los 15,24€ actuales a un valor a determinar, alrededor de los 3,5€ de su valor contable –o incluso menos, negociando su valor de mercado con sus otros socios–, seguida de nueva ampliación de capital, al nuevo valor nominal. En la reunión preguntó a los otros socios, sin que figurase en acta, su disponibilidad a acudir a esta ampliación. Los representantes del fondo declararon que ellos no irían a la ampliación, pero que no se opondrían a que ésta se realizase a un valor incluso ligeramente inferior a los 3,5€. Los tres directivos y los socios amigos del Sr. Pérez, que formaban parte del Consejo, se reservaron su opinión al respecto. Se trataría de, con esa ampliación capital, más los fondos liberados de los stocks, ver si se podía normalizar la situación con los proveedores y reducir la amortización de la deuda con los bancos, renegociando sus plazos, de forma que fuese asumible. Su experiencia le decía que cuando los bancos veían la espada de Damocles de que era posible que no pudiesen cobrar sus deudas por las malas y, en cambio, se les presentaba un plan de acción razonable, se planteaban seriamente pasar por el aro de reestructurar su deuda. Naturalmente, esto debería hacerse sin llegar a forzar la necesidad de acudir al concurso de acreedores, ya que entonces, se perdería el control de la situación. Para ello había que convencerles de que con el Cash Flow después de Impuestos, se podrían llevar a cabo las amortizaciones de cada año después de la reestructuración sin plantearles ninguna quita. En cualquier caso, no sería una negociación fácil la que tendría que llevar a cabo con ellos el Director Financiero, Sr. Hernández.

≡ **2.ª Plantear directamente una liquidación lo más ordenada posible que permitiese salvar la mayor cantidad de muebles posible.** Esto sería duro para HRC pero, sobre todo, para él, que hace tan solo unos meses había aconsejado al Consejo de la matriz la entrada en Casa Hogar. Pero si la primera alternativa no fuese convincente, creía que era mejor plantear a tiempo la liquidación, tuviese las consecuencias que tuviese para él, que cerrar los ojos a la realidad y dar una patada a seguir. Dilatar en el tiempo las decisiones drásticas, por dolorosas que sean, siempre acaba haciendo que luego fuesen más caras y traumáticas. La cultura de HRC era mucho más indulgente con los errores que con el intento de ocultar situaciones críticas barriendo la mierda debajo de la alfombra.

≡ **3.ª Por último, y aunque él personalmente estaba convencido de que la estrategia de crecimiento actual era inviable, debería presentarse también a la matriz esta posibilidad.** Mr. Abbot pensaba que una estrategia de crecimiento, o está apoyada en una base sólida o no es más que un cuento chino. Y, desde luego, aquí no existía esa solidez. El momento actual requería centrarse en conseguirla antes de seguir planeando crecimiento. Tal vez si esta solidez se consiguiese, en unos años podría retomare la senda del crecimiento.

 **UFV** | Editorial

Tomás Alfaro Drake con la supervisión del
Profesor José Ramón Pin Arboledas y Marta Torres Polo

En cuanto a la situación macroeconómica, en el escenario mundial planeaba la posibilidad de que se estuviese en el umbral de un cambio de ciclo y de que el mundo estuviese a punto de entrar en una grave crisis. Las noticias sobre la situación de los créditos hipotecarios subprime en EE. UU. eran cada día más preocupantes. Desde Agosto del 2007 se habían producido importantes caídas en las bolsas internacionales, especialmente en las de EE. UU., pero todavía no estaba claro en qué medida eso podría contagiarse a la economía real.

Con todas estas cosas en la cabeza, Mr. Abbot esperaba impaciente la reunión con los tres principales directivos de Casa Hogar. Sabía que no podía presentarse ante el Consejo de HRC simplemente evaluando las alternativas, sino que tendría que dar una recomendación, argumentarla sólidamente y contestar a la tormenta de preguntas, y opiniones contrarias diversas que, a buen seguro, se plantearían en el Consejo de la matriz. En base a lo que le presentasen y a las discusiones que tuviesen entre los cuatro, él y sólo él, en la soledad del líder, tendría que tomar esa difícil decisión.

2.3   Casa Hogar Finanzas C

El jueves 14 de Febrero de 2008, a las 8 de la tarde, Mr. Abbot recibió por mail el informe del Sr. Jimenez que había solicitado un mes antes sobre la posibilidad de mejorar los resultados presentados anteriormente por el Sr. Pérez para el año 2008. Antes de hacer una profunda revisión del mismo, convocó una reunión urgente para las 8 de la mañana del día siguiente, viernes, ya que en poco más de diez días tendría que presentar sus conclusiones y recomendaciones al Consejo de HRC y quería dedicarle el fin de semana. Aunque había sido el Sr. Jiménez el que, como Director de Marketing, Compras y Operaciones, había llevado el peso de la elaboración del informe, lo había hecho en colaboración con el Director General, Sr. Pérez, su colega, Sr. Hernández como Director Financiero. Se habían tomado su tiempo, porque para plantear el nuevo escenario había que hacer análisis meticulosos que necesitaban ese tiempo. Pero Mr. Abbot creía que había merecido la pena porque, tras revisarlos hasta altas horas de la noche, y aunque había en el estudio asuntos que requerían aclaraciones detalladas, le pareció que habían hecho un buen trabajo. Le quedaban pocas horas de sueño, pero esperaba que esa reunión le aportase luz para su análisis. En el anexo 1 y 2 puede verse lo que le presentaron los directivos. Como se ve, muchos de sus números necesitan una explicación para ser comprensibles. Esperaba que la reunión le proporcionase explicaciones satisfactorias.

De la reunión del día siguiente, 15 de Febrero, extrajo las siguientes impresiones.

La primera, tal vez la más favorable, era que tanto los tres directivos, como los socios amigos del Sr. Pérez estarían dispuestos a ir a la ampliación, si al final HRC elegía la alternativa 1 (Ver Casa Hogar (B). Su problema estribaba en que no disponían del dinero líquido necesario para ello, pero si HRC les hacía un préstamo a largo plazo, garantizado por su patrimonio personal y a un bajo interés, acudirían a la ampliación, porque tenían plena confianza en los resultados que habían concluido de su análisis. Mr. Abbot, sin comprometerse a que fuese esa la alternativa que él recomendase a HRC, les aseguró que, si al final era la propuesta, iría con la condición del préstamo personal a los socios, incluso sin intereses. En definitiva, a HRC le daba igual poner ella sola todo el dinero de la ampliación necesaria o poner sólo una parte y desembolsar la diferencia en forma de préstamo a los directivos. El resultado era equivalente en términos financieros, pero que los directivos mantuviesen su participación tras la ampliación suponía un compromiso muy importante.

En segundo lugar, le pareció bastante razonable la explicación del Sr. Pérez de la razón por la que, en su primer plan, había supuesto un incremento de tendencia en ventas en lugar del declive que venían teniendo en años anteriores. Este incremento era debido al hecho de que había tiendas que todavía no habían llegado a su nivel de penetración en los hábitos de la gente de su zona de influencia y que, por lo tanto, sus ventas irían aumentando progresivamente, hasta llegar al nivel adecuado. Aunque en el análisis que acababa de presentar mantenía las ventas del anterior, no descartaba que en años sucesivos las ventas siguieran creciendo, aunque más moderadamente. No se animaba, sin embargo, a hacer previsiones a más de un año que, efectivamente, en la situación en que estaban le parecían wishfuk thinking. El Sr. Pérez, junto con los asesores laborales había llegado a estimar los gastos de cierres de tiendas, despidos sobre todo, en unos 130.000€. Pero también creía que

los activos inmovilizados de las tiendas que se cerrasen podrían venderse por unos 400.000€. Esta venta se realizaría muy por debajo de su valor contable, pero a efectos de liberación de fondos, esas pérdidas eran irrelevantes, ya que no eran más que un apunte contable. Sin embargo, el efecto positivo en impuestos que pudieran tener esas pérdidas tampoco se produciría, puesto que, al tener pérdidas cumuladas en grandes cantidades, ese efecto no se produciría hasta que se absorbiesen esas pérdidas en un futuro no demasiado próximo.

En tercer lugar, le pareció bastante convincente la explicación de las cifras del anexo 1, realizado principalmente por el Sr. Jiménez, sobre el manejo del azadón de la reducción de costes. Los números –le explicó el Sr. Jiménez– están planteados y aceptados por los directores de tiendas. En la parte de arriba puede verse un cuadro con el porcentaje sobre ventas de los distintos gastos de cada una de las tiendas en estos momentos. Debajo se presenta un cuadro similar sobre el que se ha actuado aplicando el sistema de best practice. Se ha tomado, para cada gasto, una tienda elegida por los directores de las mismas como la de best practice para ese gasto. Tomemos como ejemplo el de gastos de personal. La best practice se le ha adjudicado a la tienda de La Zenia con un 9,2% de gasto sobre ventas. Después se ha considerado este gasto como más o menos semivariable, de forma que su porcentaje sobre ventas fuese mayor para tiendas más pequeñas y menor para tiendas más grandes, llegando a un mínimo de 8,2% sobre ventas en Ciudad Quesada. Así, y siempre de forma negociada con los directores de tienda, se ha procedido para cada gasto. En el anexo están en rojo están los datos de las tiendas que tienen que hacer un esfuerzo para asemejarse al best practice. En el caso de los gastos de marketing se ha hecho un análisis independiente de cada tienda. Se han dejado fuera determinados gastos como aquellos sobre los que no se puede actuar (alquileres) u otros insignificantes que, de centrarse en ellos, distraerían de los importantes.

Pero, además de la equidad en la *best practice,* se ha acordado el uso del azadón para mejorar sobre ese best practice en cada gasto. Siguiendo con el caso de los gastos de marketing, se ha considerado que, a menudo estos gastos se van aumentando por acciones que se convierten en hábito sin tener en cuenta su impacto en las ventas, generalmente imposible de medir con precisión, pero siempre posible de estimar. Mediante un sistema de presupuestación base 0, se ha llegado a la conclusión de que podrían reducirse en un 10% de *cut down* sobre el best practice de esa partida. De forma similar se ha llegado a un cut down adicional del 0% para los gastos de personal y 40% tanto para "diversos relacionados con alquileres de tiendas" y "otros costes de tiendas". Así se llega a la posibilidad de estimar cada gasto en cada tienda que quedan plasmados en el anexo 2.

Para conseguir las rebajas de coste en personal se estimaba necesario adquirir unos equipos de cajeros de cobro automáticos en las tiendas que costarían, en total, para las seis tiendas que quedarían abiertas, unos 150.000€.

Por supuesto, todos estaban de acuerdo en que los objetivos eran ambiciosos y que jamás se lograrán sin un gran esfuerzo y una constante vigilancia de los directivos y, por supuesto, de los directores de tienda que, como se ha dicho, han "comprado" el plan.

Por último, en la *Head Office,* se ha aplicado la regla del azadón sobre los tres tipos de gastos que se producen en ella. Son los señalados en la parte baja del cuadro.

Con todo ello, se han construido las cuentas de resultados del anexo 2 en las que se llega a un EBITDA ligeramente inferior a los 900.000€. Las amortizaciones de activos se han mantenido exactamente iguales en las tiendas que se mantienen abiertas, lo que da una cantidad de 451.317€ que llevan a un BAIT de 442 mil euros. El Sr. Jiménez no podía estimar los gastos financieros, porque éstos dependerían de cuánta deuda quedase después de la ampliación de capital que se hiciese, si es que se elegía esa alternativa. Sí que había tenido conversaciones con los bancos y otros acreedores –a excepción de los proveedores– y parecían dispuestos a alargar el plazo a cuatro años, con amortizaciones iguales del 25% cada año, siempre que se hiciese una importante ampliación de capital. Sin embargo, el tipo de interés subiría de promedio en un punto. También creía que la ratio actual de tesorería sobre compras de 6 días era absolutamente precaria y sería razonable aumentarla a no menos de 20 días.

En cuarto lugar, por el lado del circulante, el Sr. Hernández, como director de operaciones había establecido que parecía razonable reducir la ratio de rotación de stocks a 30 días, desde los 236 que alcanzaba en Diciembre. Para ello, habría que replantearse la política de existencias, especialmente en cuanto a su profundidad, aunque en menor medida en su amplitud, para que no afectase a las ventas, y coordinarla con la política de compras. Para ello, creía necesario adquirir un software de gestión de stocks que había en el mercado y que tenía un coste de unos 50.000€. Esta reducción de stocks se lograría, en parte, devolviendo a los proveedores una buena cantidad del stock sobrante. Pero los proveedores no aceptarían estas devoluciones sin un coste que, tras hablar con ellos, el Sr. Hernández estimaba en un 20%. Pero, si Casa Hogar era capaz de pagar a los proveedores los grandes atrasos de pago que tenía con ellos, éstos estarían dispuestos, a seguir proveyéndola de mercancía dándole un crédito comercial de 45 días. La reducción de los stocks, con ese descuento, liberaría recursos por valor de unos 3,2 millones de euros, incluida la pérdida del 20%, mientras que ajustar el pago a los proveedores a 45 días supondría una utilización de recursos de cerca de 3,5 millones de euros. Esta diferencia negativa tendría también que ser tenida en cuenta para el cálculo de la ampliación de capital necesaria si se decidiese seguir esa alternativa.

Tuvieron, no obstante, un punto de discrepancia en la reunión, aunque no sobre cuestiones operativas. La discrepancia era sobre la crisis de la economía mundial que se cernía. Los directivos españoles creían que la crisis quedaría circunscrita al ámbito financiero, sobre todo en EE. UU., sin llegar a ser catastrófica. Pero no pensaban que en Europa se pudiese trasladar a la economía real de forma muy grave. Mr. Abbot, que tenía muchos contactos internacionales y recibía informes económicos del servicio de estudios de HRC, estaba bastante convencido de que la crisis llegaría en Europa a la economía real y sería bastante grave. Por supuesto, no podía establecer probabilidades ni, mucho menos, cuantificar el efecto que pudiera tener en los resultados de Casa Hogar si se produjese, pero creía que no podía dejar de tenerla muy en cuenta en su análisis.

Eran las 10 de la noche del 15 de Febrero. Acababa de recibir un mail de HRC diciéndole que, por motivos de agenda del Presidente, el Consejo de HCR se adelantaba al miércoles 20 de Febrero. Así pues, Mr. Abbot sólo tenía por delante cinco días con el fin de semana y viaje a Irlanda incluidos. Sabía que en ese Consejo se jugaba su carrera profesional y el futuro de Casa Hogar y de las familias que dependían de esa empresa. Pero no podía dejar que estas consideraciones enturbiasen su criterio sobre la solución más razonable que plantear a la matriz. Pero todo eso empezaría mañana

sábado. Ahora debería intentar descansar lo mejor posible para empezar a partir de mañana a enfrentarse con su trabajo.

2.3.1 ANEXO A

Previsión Orignal Sr. Pérez

	Ventas	Margen	Personal	Diversos relacionados con alquileres	Otros costes de tiendas	Marketing
Ondara	1.213.879	32,5%	9,3%	4,1%	2,1%	2,7%
Santa Pola	1.378.560	32,5%	12,5%	3,5%	2,1%	3,0%
Mazarrón	1.504.250	32,5%	10,5%	3,9%	1,9%	2,0%
Denia	1.635.003	32,5%	12,8%	3,0%	1,7%	3,5%
La Zenia	1.984.409	32,5%	9,2%	3,0%	1,5%	1,9%
Ciudad Quesada	2.503.448	32,5%	9,3%	2,0%	1,4%	2,9%

Cut Down por *best practice*

	Ventas	Margen	Personal	Diversos relacionados con alquileres	Otros costes de tiendas	Marketing
Ondara	1.213.879	32,5%	9,3%	**3,7%**	2,1%	3,1%
Santa Pola	1.378.560	32,5%	**9,1%**	3,5%	**1,9%**	3,0%
Mazarrón	1.504.250	32,5%	**8,9%**	**3,4%**	1,7%	2,9%
Denia	1.635.003	32,5%	**8,8%**	3,0%	**1,5%**	**2,8%**
La Zenia	1.984.409	32,5%	**8,6%**	3,0%	**1,2%**	2,6%
Ciudad Quesada	2.503.448	32,5%	**8,2%**	2,0%	**1,0%**	**2,3%**
Cut Down por "azadón"			0%	40%	40%	10%

Head Office

	Personal	IT	Otros Costes
Azadón	20%	50%	50%

2.3.2 ANEXO B

SEDE		Ventas Netas	Coste de las ventas	Margen excl. Descuento por compras y diferencias de stock	Diferencias de Stock	Descuentos de Compras	Margen incl. Descuentos por compras	Coste de personal	Costes p alquilere
Denia	%	100%		32,5%	-1,2%	2,4%	33,7%	8,8%	8,3%
	Importe	1.635.003	1.103.627	531.376	-19.620	39.240	550.996	143.880	135.073
Santa Pola	%	100%		32,5%	-1,2%	2,4%	33,7%	9,1%	7,7%
	Importe	1.378.560	930.528	448.032	-16.543	33.085	465.198	125.449	106.593
Mazarrón	%	100%		32,5%	-1,0%	1,9%	33,1%	8,9%	8,7%
	Importe	1.504.250	1.015.369	488.881	-14.453	28.906	497.317	133.878	131.084
La Zenia	%	100%		32,5%	-0,8%	1,7%	33,4%	8,6%	9,2%
	Importe	1.984.409	1.339.476	644.933	-16.601	33.202	663.518	170.659	206.72
Ciudad Quesada	%	100%		32,5%	-1,2%	5,2%	36,5%	8,2%	10,4%
	Importe	2.503.448	1.689.828	813.621	-30.041	130.083	912.731	205.283	260.00
Ondara	%	100%		23,5%	-1,2%	6,5%	37,8%	9,3%	9,4
	Importe	1.213.879	819.369	394.511	-14.567	79.133	459.068	113.159	114.190
Total Tiendas	%	100%		32,5%	-1,1%	3,4%	34,7%	8,7%	9,3%
	Importe	10.219.549	6.898.196	3.321.353	-111.825	343.649	3.548.828	892.308	953.66
Head Office								499.366	
Total	%	100%		32,5%	-1,1%	3,4%	34,7%	13,1%	9,3%
	Importe	10.219.549	6.898.196	3.321.353	-111.825	343.649	3.548.828	1.341.674	953.66

Tomás Alfaro Drake con la supervisión del
Profesor José Ramón Pin Arboledas y Marta Torres Polo

Costes diversos a los alquileres relacionados con tiendas	Costes de envío	Otros Costes de las tiendas	Costes de Marketing	Costes de IT	Descuentos de los Proveedores	Otros Costes	EBITDA	Amortización	BAIT
3,0%	0,5%	1,5%	2,8%	0,6%	-3,1%	0,3%	13,2%	2,8%	10,5%
29.430	7.358	14.715	41.202	9.360	-50.685	4.440	216.223	45.342	170.881
3,5%	0,5%	1,9%	3,0%	0,6%	-3,1%	0,3%	12,8%	4,3%	8,5%
28.626	6.204	15.716	37.221	7.620	-42.735	4.440	176.065	58.830	117.235
3,4%	0,4%	1,7%	2,9%	0,0%	-3,1%	0,3%	12,2%	5,2%	7,0%
30.687	5.420	15.343	39.261	480	-46.632	4.350	183.446	78.300	105.146
3,0%	0,3%	1,2%	2,6%	0,0%	-3,1%	0,2%	12,1%	5,8%	6,3%
35.718	6.225	14.288	46.435	480	-61.517	4.440	240.068	114.360	125.708
2,0%	0,5%	1,0%	2,3%	0,0%	-3,1%	0,1%	16,5%	3,1%	13,4%
30.041	11.266	15.021	51.821	400	-77.607	3.700	412.806	76.717	336.090
3,7%	0,5%	2,1%	3,1%	0,0%	-3,1%	0,3%	15,1%	4,1%	11,0%
26.948	5.462	15.295	33.867	400	-37.630	3.700	183.677	50.300	133.377
1,8%	0,4%	0,9%	2,4%	0,2%	-3,1%	0,2%	13,8%	4,1%	9,7%
181.450	41.934	90.377	249.808	18.740	-316.806	25.070	1.412.285	423.849	988.437
				35.773		34.086	-519.225	27.468	-546.693
1,8%	0,4%	0,9%	2,4%	0,2%	-3,1%	0,2%	8,7%	4,1%	4,6%
181.450	41.934	90.377	249.808	54.513	-316.806	59.156	893.061	451.317	441.744

2.3.2 ANEXO C
Alternativa sin crisis

Concepto	%	Importe
Ventas Netas	100%	10.219.549
Coste de las ventas		6.898.196
Margen excl. Descuento por compras y diferencias de stock	32,5%	3.321.353
Diferencias de Stock	-1,1%	**-111.825**
Descuentos de Compras	3,4%	343.649
Margen incl. Descuentos por compras	34,7%	3.548.828
Coste de personal	13,1%	1.341.674
Costes por alquileres	9,3%	953.661
Costes diversos a los alquileres relacionados con tiendas	1,8%	181.450
Costes de envío	0,4%	41.934
Otros Costes de las tiendas	0,9%	90.377
Costes de Marketing	2,4%	249.808
Costes de IT	0,5%	54.513
Descuentos de los Proveedores	-3,1%	**-316.806**
Otros Costes	0,6%	59.156
EBITDA	8,7%	893.061
Amortización	4,1%	451.317
BAIT	4,6%	441.744

Variaciones de Circulante	2007	2008	Valor de liquidación	Fondos liberados
Ratio de Tesorería	6	20		
Ratio de Rotación de Stoks (Días)	236	30		
Ratio de Pago a Proveedores (Días)	223	45		
Caja	121.100	383.233		**-262.133**
Stocks	4.579.910	574.850	80%	3.204.048
Proveedores	4.328.344	862.274		**-3.466.070**
Liberación de fondos por circulante				**-524.154**
Liberación de fondos por desinversión de AIM				400.000
Inversiones — Software				**-50.000**
Inversiones — Equipo de Cajas				**-150.000**
Gastos de cierre de tiendas				**-130.000**
TOTAL FONDOS LIBERADOS PARA REDUCIR DEUDA				**-454.154**

Amortización Anual Necesaria

Deuda amortizable 2007	3.765.706
Fondos liberados para amortizar deuda	**-454.154**
Petición de ampliación de capital a HRC	2.000.000
Deuda amortizable tras liberación de fondos y Ampliación de Capital	2.219.860
Plazo de amortización renegociado **4** años	
Amortización anual necesaria	**554.965**

Cash Flow

BAIT	441.744
Deuda sujeta a intereses	3.722.092
Tipo de interés	7,90%
Extra tipo por renegociación	1%
Tipo de interés aplicable	8,9%
Intereses	331.266
BAI=BDI	110.478
Cash Flow	**561.794**

 UFV | Editorial

Tomás Alfaro Drake con la supervisión del
Profesor José Ramón Pin Arboledas y Marta Torres Polo

Alternativa con crisis, calculo con una caída de ventas del 20%

Concepto	%	Importe	Ahorro	
Ventas Netas	100%	8.175.639		
Coste de las ventas		5.518.557		
Margen excl. Descuento por compras y diferencias de stock	32,5%	2.657.083		
Diferencias de Stock	-1,1%	**-89.460**		
Descuentos de Compras	3,4%	274.919		
Margen incl. Descuentos por compras	34,7%	2.839.063		
Coste de personal	13,1%	1.073.339	Fijo	20%
Costes por alquileres	9,3%	953.661	Fijo	0%
Costes diversos a los alquileres relacionados con tiendas	1,8%	108.870	Fijo	40%
Costes de envío	0,4%	33.547	Variable	
Otros Costes de las tiendas	0,9%	45.189	Fijo	50%
Costes de Marketing	2,4%	249.808	Discercional: Se mantiene	
Costes de IT	0,5%	54.513	Discercional: Se mantiene	
Descuentos de los Proveedores	-3,1%	**-253.445**	Variable	
Otros Costes	0,6%	29.578	Fijo	50%
EBITDA	8,7%	544.002		
Amortización	4,1%	451.317		
BAIT	4,6%	92.685		

Variaciones de Circulante	2007	2008	Valor de liquidación	Fondos liberados
Ratio de Tesorería	6	20		
Ratio de Rotación de Stoks (Días)	236	30		
Ratio de Pago a Proveedores (Días)	223	45		
Caja	121.100	306.586		**-185.486**
Stocks	4.579.910	459.880	80%	3.296.024
Proveedores	4.328.344	689.819		**-3.638.524**
Liberación de fondos por circulante				**-527.987**
Liberación de fondos por desinversión de AIM				400.000
Inversiones	Software			**-50.000**
	Equipo de Cajas			**-150.000**
Gastos de cierre de tiendas				**-130.000**
TOTAL FONDOS LIBERADOS PARA REDUCIR DEUDA				**-457.987**

Amortización Anual Necesaria	
Deuda amortizable 2007	3.765.706
Fondos liberados para amortizar deuda	**-457.987**
Petición de ampliación de capital a HRC	2.700.000
Deuda amortizable tras liberación de fondos y Ampliación de Capital	1.523.693
Plazo de amortización renegociado **6** años	
Amortización anual necesaria	**253.949**

Cash Flow	
BAIT	92.685
Deuda sujeta a intereses	3.025.925
Tipo de interés	7,90%
Extra tipo por renegociación	2%
Tipo de interés aplicable	9,9%
Intereses	299.567
BAI=BDI	-206.881
Cash Flow	**244.436**

Alternativa Liquidación

	Activo Contable		Activo en liquidación
Activo Inmovilizado	**5.582.982,46**		**789.824,56**
Gastos de establecimiento	1.237.350,14	0,0	0,00
Inmovilizado Inmaterial (Neto)	1.324.395,46	0,0	0,00
Inmovilizado Material (Neto)	1.438.878,03	0,5	719.439,02
Inmovilizado Financiero (1)	1.582.358,83		70.385,54
Acciones no cotizadas	2.524,20	0,7	1.766,94
Fianzas Constituidas	326.765,27	0,0	0,00
Depósitos Constituidos	68.618,60	1,0	68.618,60
Crédito fiscal por pérdidas a compensar	1.184.450,76	0,0	0,00
Gastos a distribuir en varios ejercicios	**91.619,55**	**0,0**	**0,00**
Activo Circulante	**4.819.919,23**		**2.493.403,79**
Existencias	4.579.909,71	0,5	2.289.954,86
Deudores (IVA soportado y empleados)	73.751,10	1,0	73.751,10
Inversiones financieras temporales	597,96	1,0	597,96
Tesorería	129.099,87	1,0	129.099,87
Ajustes por periodificción	36.560,59	0,0	0,00
TOTAL ACTIVO	**10.494.521,24**		**3.283.228,34**
Menos			
Gastos de cierre de tiendas x 2,5			325.000,00
IVA repercutido - IVA soportado + Sueldos a pagar[1]			203.950,08
Gastos de un trimestre (Anual/4)			3.185.641,74
ACTIVO LÍQUIDO			**-431.363,48**
Deudas no vinculadas a la matriz			**9.616.282,36**

1   Ver balance 2.1.1 ANEXO A, página 40, caso (A).

3

CASO GEOLOC

SIE

Caso realizado por **Marta Torres Polo** con la supervisión del **Profesor José Ramón Pin Arboledas.**

Diciembre de 2022, Puente de la Constitución. Jorge Landón, fundador y CEO de **GEOLOC**, refresca ansiosamente su email una y otra vez. Acababa de cumplir 40 años y se encontraba en Andorra, de vacaciones esquiando con su mujer y sus cuatro hijos. Unos días antes **PRT, un fondo de Private Equity** americano, le había confirmado que le enviarían una oferta de compra por su empresa. Meses antes un primer intento había salido mal, y esta vez sería la definitiva. Sin embargo, había un aspecto sobre el cual había total incertidumbre, el **precio de compra** ■

UFV Universidad Francisco de Vitoria

3.1   Inicios de GEOLOC

Jorge Landon acababa de terminar sus estudios de ingeniería informática con tan solo 22 años. Con un gran expediente académico, consigue una importante beca para estudiar en una prestigiosa *Grande École* francesa situada en Grenoble, cerca de las montañas (una de sus pasiones). Allí se gradúa como ingeniero de telecomunicaciones y además, realiza un máster en matemáticas en paralelo.

En su estancia en Francia conoce a su mujer con la que formó una familia que tiene en la actualidad cuatro hijos. Ahora viven en España, pero vivieron cerca de 10 años en diversos países por todo el mundo.

Después de acabar sus estudios en Francia, Jorge trabajó en una empresa de software cerca de Niza y de ahí saltó a un banco de inversión donde trabajó, con tan solo 25 años, en Nueva York y posteriormente en Hong Kong, diseñando las plataformas software de trading de alta frecuencia que utilizan los "traders" de bolsa.

Durante su estancia en tierras asiáticas y después de llevar cerca de cuatro años de experiencia profesional, decide retomar la senda de los estudios con un MBA para reforzar sus conocimientos en gestión de negocios y estar más capacitado, en el futuro, para montar su propia empresa. Consiguiendo ofertas en varias de las mejores escuelas de negocio norteamericanas, decide ingresar en Chicago Booth, de la Universidad de Chicago, donde pasaría los siguientes dos años de su vida.

Durante el largo proceso de admisión que es necesario para acceder a las universidades americanas y con idea de que otras personas puedan acceder a información difícil de encontrar, monta una página web y un foro con información sobre programas educativos de posgrado en el extranjero, convirtiendo la web en una de las más visitadas en el sector educativo de posgrado en España. Esta fue su primera experiencia emprendedora.

Al acabar el MBA es contratado por la firma de consultoría estratégica McKinsey en Madrid, donde se trasladó después de 10 años en el extranjero. Aunque ya tenía la idea de emprender un negocio propio, decide estar un cierto tiempo en la consultora multinacional para reforzar su formación y también su experiencia vital.

En ese tiempo trabaja para un proyecto de retail de moda. Entonces le surge la idea de lo que sería GEOLOC. Jorge vio que las empresas buscaban "a ciegas" las localizaciones para abrir sus tiendas utilizando únicamente intuición, experiencia previa y muy pocos datos. Visitaban las ciudades, se entrevistaban con expertos inmobiliarios, realizaban conteos manuales para estimar el tráfico peatonal, … lo que hacía que la búsqueda de localizaciones fuera muy poco eficiente y proclive a errores. De ahí tiene la visión de crear una plataforma software que pueda ayudar a empresas cuyo negocio esté influenciado en gran medida por la localización, a que tomen mejores decisiones en base a datos, y en un tiempo más reducido.

GEOLOC surge como una plataforma software en la nube, basada en mapas, sustentada en multitud de datos (big data) y enriquecida con modelos matemáticos para estimar resultados. Comienza con empresas con puntos de venta (supermercados,

cadenas de restauración, ...) para ayudarles a decidir dónde abrir el siguiente punto de venta o cuál cerrar, a las que siguen empresas de consumo para ayudarlas a decidir dónde lanzar un producto determinado, y sector inmobiliario para decidir dónde invertir o desinvertir.

Era finales de 2014, y compatibilizaba su trabajo en McKinsey con los primeros pasos de GEOLOC durante las madrugadas y fines de semana.

3.2　Los primeros meses

A principios de 2015 las cosas para GEOLOC empiezan a coger forma. Jorge funda la empresa con 3.000€ y decide dejar McKinsey. A las pocas semanas convence a tres recién graduados (dos ingenieros de la Universidad Politécnica y a un matemático de la Complutense) a unirse al equipo. Aunque aún no podía pagarles, los tres se vieron atraídos por unirse a alguien como Jorge y con una visión tan inspiradora.

Jorge sabía que construir un producto sofware innovador llevaría mucho tiempo que y que no podría obtener ingresos hasta que no tuviera un producto mínimamente viable. Tampoco podría tener un equipo sin poder pagar salarios Con un "power point" bien realizado, empieza a buscar fondos. Rápidamente, varios socios y antiguos compañeros de McKinsey le ponen dinero, así como amigos y familiares. Era la primera ronda de GEOLOC, la de los "FFF" *(Family, Friends and Fools),* y alcanza los 175.0000€. Además, GEOLOC es elegida para formar parte de una aceleradora que les aporta otros 200.000€ en un préstamo blando no convertible. El equipo, ya de cinco personas, se traslada a otra ciudad durante el periodo de aceleración.

Durante esos meses, construyen un "MVP" (producto mínimamente viable), y convencen a un primer cliente, una academia de inglés con varios centros en España, a contratar el futuro producto una vez estuviera desarrollado. Envían, por primera vez, una factura.

La startup genera mucho interés en el ecosistema nacional y varios fondos de "venture capital" llaman a su puerta. Después de múltiples conversaciones, un fondo de prestigio le ofrece 1 millón de euros. Ya son 15 personas y abren una oficina en Madrid.

Durante el verano de 2016, ya con un producto más maduro, comienzan a entrar clientes uno detrás de otro. Ya son 30 personas. Ganan premios importantes como el South Summit y el Emprendedor XXI, y aparecen en numerosos periódicos nacionales e internacionales. Incluso Bloomberg en Estados Unidos les menciona como una de las startups más prometedores del mundo. Los ingresos recurrentes mensuales se disparan, lo que les permite poder crecer, contratar equipo de ventas y expandirse.

El modelo de negocio de GEOLOC es un modelo SaaS *(Software as a Service).* Mediante licencias de uso anuales, los usuarios acceden a la plataforma (que está alojada en la nube) desde cualquier dispositivo.

El indicador principal de negocio de este tipo de modelos son los ingresos recurrentes (MRR, del inglés "monthly recurring revenue" o ARR, el equivalente anualizado). es decir, ingresos que se repiten por ser contratos de suscripción (en comparación con históricos modelos en el cual se pagaba por el software una vez, al principio). GEOLOC cuenta, además, con unas muy buenas métricas de rentabilidad, consiguiendo cerca del 85% de margen bruto.

En 2018 la empresa ya cuenta con 75.000 euros de MRR y recibe una nueva ronda de financiación de un fondo de venture capital francés, el cual invierte 5 Mn€. En ese momento, el Consejo de Administración de GEOLOC lo ocupan los dos fondos inversores de venture capital, un representante de los inversores iniciales y el propio Jorge Landón.

Con esta financiación se comienza la internacionalización, abriendo oficina en Londres, además de ampliar la actual en Madrid. La empresa decide expandirse por Europa en vez de Estados Unidos. Durante los próximos dos años, la empresa lanza su plataforma en Francia y Reino Unido. Además, evoluciona el producto para dar servicio a más sectores, como Consumo e Inmobiliario.

3.3   Las cosas se complican

En marzo de 2020 en GEOLOC ya son cerca de 100 personas. Las cosas marchaban muy bien con un 20% anual de crecimiento en solo 3 meses del año, lo que anticipaba un crecimiento exponencial a final de año. Sin embargo, llega la COVID-19 y las cosas se complican de forma radical. El negocio de los clientes de GEOLOC reside en el mercado físico, el cual se cierra durante meses. Por esta razón, numerosos clientes no renuevan sus contratos, e incluso dejan de pagar las facturas. Todas las métricas de GEOLOC se tambalean, incluido la caja. La empresa, que acababa de lanzar el mercado alemán y holandés, decide parar su plan de expansión y dedicar los recursos a pasar la tormenta de la mejor manera posible. Jorge se ve obligado a parar contrataciones, a realizar un ERTE a gran parte de la plantilla, e incluso a despedir a varias personas que acababan de ser contratadas.

Jorge, junto con el Consejo de Administración, se vio obligado a cambiar una estrategia de inversión y crecimiento exponencial, a una de aguantar para sobrevivir. Se busca entonces el llegar a ser sostenible financieramente y por tanto, conseguir el punto de equilibrio o "break-even".

Afortunadamente, el modelo de negocio de GEOLOC es muy sano y la empresa siempre ha sido muy eficiente con el capital, y en pocos meses la empresa consigue el objetivo de ser sostenible. Sin embargo, el cambio afectó a gran parte de la plantilla, la cual se había mantenido extraordinariamente fiel durante años. Varios empleados deciden dejar la empresa para buscar otras opciones con mayores perspectivas de crecimiento e incluso varios lanzan sus propios negocios.

A pesar de todo, el negocio de la empresa continúa creciendo en doble dígito tanto en los siguientes años.

.

3.4 Primer intento de venta

A principios de 2021, REPVCO el mayor cliente de GEOLOC con sede en Berlín, muestra interés por incorporar la startup en su empresa. REPVCO está intersado en GEOLOC por su plataforma y tecnología, por su negocio, y por su equipo. El Consejo de Administración, liderado por Jorge, decide dar continuidad a dicho interés, y se abre un periodo de "due diligence" que dura más de un año y medio. REPVCO contrata a varias firmas de consultoría, de auditoría y a decenas de abogados, para estudiar el encaje de GEOLOC en el grupo empresarial de REPVCO. Se analizan al detalle los estados financieros, fiscal, laboral, y la plataforma tecnológica. Finalmente, en febrero de 2022, REPVCO da por finalizada la "due diligenve" de forma positiva y confirma el interés por realizar una oferta de compra. Guus, el CEO de REPVCO, y Jorge acuerdan los términos y se estrechan la mano en un restaurante de Ámsterdam. REPVCO valora la empresa en más de 10x su ARR. Guus le informa que pondrán la oferta en una carta formal de oferta o LOI ("Letter of Intend") en los próximos días. Jorge vuelve en avión a Madrid asumiendo que estaba hecho.

Sin embargo, todo se vino al traste. REPVCO pertenece a un grupo empresarial familiar de origen austriaco con más de 150 años de historia. Guus debe solicitar permiso a la familia para realizar la compra. GEOLOC era la base para transformar el grupo a los nuevos tiempos, gracias a su innovación y posicionamiento. En 10 años como CEO, nunca ha tenido el menor problema y asume que la consulta era un mero trámite. Sin embargo, los dueños tiran la operación ya que rechazan la estrategia de REPVCO de cambiar tradición por innovación REPVCO no envía ninguna LOI y Guus se desplaza a Madrid para comunicarle las noticias a Jorge. Pocos meses después, Guus y varios de su equipo abandonarían REPVCO.

La desmotivación del equipo y del fundador es máxima. Cerca de dos años trabajando en esta oportunidad y miles de horas invertidas. En palabras de Jorge Landon: Las empresas grandes pueden matar a las startups.

Sin embargo, lo cierto es que la empresa siempre había mostrado un carácter resiliente y en esta ocasión no iba a ser menos. El negocio continúa creciendo, y financieramente es sostenible.

A pesar de eso, Jorge está convencido de que la empresa no puede continuar mucho más tiempo con el freno echado. Tanto él como su equipo necesitan cambios. En el plano personal Jorge ha tenido recientemente su cuarto hijo y empezaba a plantearse un futuro después de GEOLOC. Jorge convence sus inversores para buscar un comprador, y el Consejo de Administración aprueba la contratación de un banco de inversión de M&A para liderar un proceso formal de venta.

3.5   Un fondo americano de PE entra en acción

En marzo de 2020 en GEOLOC ya son cerca de 100 personas. Las cosas marchaban muy bien con un 20% anual de crecimiento en solo 3 meses del año, lo que anticipaba un crecimiento exponencial a final de año. Sin embargo, llega la COVID-19 y las cosas se complican de forma radical. El negocio de los clientes de GEOLOC reside en el mercado físico, el cual se cierra durante meses. Por esta razón, numerosos clientes no renuevan sus contratos, e incluso dejan de pagar las facturas. Todas las métricas de GEOLOC se tambalean, incluido la caja. La empresa, que acababa de lanzar el mercado alemán y holandés, decide parar su plan de expansión y dedicar los recursos a pasar la tormenta de la mejor manera posible. Jorge se ve obligado a parar contrataciones, a realizar un ERTE a gran parte de la plantilla, e incluso a despedir a varias personas que acababan de ser contratadas.

Jorge, junto con el Consejo de Administración, se vio obligado a cambiar una estrategia de inversión y crecimiento exponencial, a una de aguantar para sobrevivir. Se busca entonces el llegar a ser sostenible financieramente y por tanto, conseguir el punto de equilibrio o "break-even".

Afortunadamente, el modelo de negocio de GEOLOC es muy sano y la empresa siempre ha sido muy eficiente con el capital, y en pocos meses la empresa consigue el objetivo de ser sostenible. Sin embargo, el cambio afectó a gran parte de la plantilla, la cual se había mantenido extraordinariamente fiel durante años. Varios empleados deciden dejar la empresa para buscar otras opciones con mayores perspectivas de crecimiento e incluso varios lanzan sus propios negocios.

A pesar de todo, el negocio de la empresa continúa creciendo en doble dígito tanto en los siguientes años.

Marta Torres Polo con la supervisión del
Profesor José Ramón Pin Arboledas

3.6   Anexo

Algunos datos económicos:

Capital inicial 3.001 euros.

Ingresos recurrentes (ARR) a final de año:

- ≡ 2015: 0

- ≡ 2016: 75.000 euros

- ≡ 2017: 550.000 euros

- ≡ 2018: 1.532.000 euros

- ≡ 2019: 2.075.000 euros

- ≡ 2020: 2.215.000 euros

- ≡ 2021: 3.950.000 euros

- ≡ 2022: 5.250.000 euros

Valoración de las rondas de inversión

- ≡ 2015 inversión de 175.000€ a 1 Mn€ pre-money, con un ARR de 0€.

- ≡ 2016 inversión de 1 Mn€ a 3 Mn€ pre-money, con un ARR de 4.000€.

- ≡ 2018 inversión de 5 Mn€ a 12 Mn€ pre-money, con un ARR de 900.000€.

NOTA: Los números han sido alterados y no corresponden con la realidad.

Coeficientes de venta en las SAAS (Software as a Service): entre 4 ó 5 y hasta 10 en periodos de euforia económica.

3.7   Últimas decisiones

En diciembre de 2023 se realizó la venta de GEOLOC a un grupo inversor americano que estaba buscando completar el abanico de productos de una de sus inversiones.

La empresa se vendió por un tercio de la primera oferta.

Jorge se quedaría un tiempo de asesor de la empresa.

Mientras iba a recoger a sus hijos al colegio pensaba que ahora empezaba una nueva aventura personal.

Marta Torres Polo con la supervisión del
Profesor José Ramón Pin Arboledas

4 GRUPO GASTRONOMÍA JOSE MARÍA

SIΞ

Caso realizado por **Marta Torres Polo** con la supervisión del **Profesor José Ramón Pin Arboledas.**

A comienzos de 2020, Gastronomía José María se encontraba en un momento de plena actividad. La empresa, vinculada al sector de la restauración y reconocida por la calidad de su propuesta gastronómica, operaba con elevados niveles de ocupación y una sólida reputación construida a lo largo de décadas. La estabilidad del proyecto parecía asentada tanto en términos económicos como organizativos ■

4.1   Introducción: una empresa ante un punto de inflexión

A comienzos de 2020, Gastronomía José María se encontraba en un momento de plena actividad. La empresa, vinculada al sector de la restauración y reconocida por la calidad de su propuesta gastronómica, operaba con elevados niveles de ocupación y una sólida reputación construida a lo largo de décadas. La estabilidad del proyecto parecía asentada tanto en términos económicos como organizativos.

Sin embargo, la irrupción de la pandemia provocada por la COVID-19 alteró de manera abrupta este escenario. El cierre obligatorio de los establecimientos hosteleros supuso una interrupción total de la actividad, sin horizonte temporal claro ni certezas sobre la viabilidad futura del sector. En cuestión de días, una empresa acostumbrada a la gestión de la abundancia se vio obligada a afrontar una situación de parálisis completa.

Este contexto plantea el núcleo del caso: cómo una empresa familiar, con una fuerte identidad y una cultura muy marcada, afronta una crisis extrema que pone en juego no solo su rentabilidad, sino también su forma de entender la empresa, su relación con las personas y su responsabilidad hacia el entorno.

 **UFV** | Editorial

Marta Torres Polo con la supervisión del Profesor José Ramón Pin Arboledas, basado en el caso redactado por los profesores Luis Expósito Sáez y José Luis Gómez Lega.

4.2   Antecedentes

4.2.1   Orígenes del proyecto empresarial

Gastronomía José María tiene su origen en la iniciativa personal de su fundador, quien comenzó el negocio impulsado por una clara vocación profesional y un profundo conocimiento del producto. Desde el inicio, el proyecto se caracterizó por una apuesta decidida por la calidad, tanto en la materia prima como en la ejecución y el servicio al cliente.

Los primeros años estuvieron marcados por un crecimiento gradual. Lejos de una expansión acelerada, el desarrollo del negocio se apoyó en la consolidación de una clientela fiel y en la construcción de una reputación basada en la excelencia y la coherencia. Cada decisión de crecimiento se tomaba con cautela, priorizando la sostenibilidad del proyecto frente a la obtención de beneficios inmediatos.

Esta etapa inicial permitió sentar las bases de lo que con el tiempo se convertiría en una empresa reconocida dentro y fuera de su entorno local, manteniendo siempre un fuerte vínculo con sus raíces.

4.2.2 Evolución y consolidación del negocio

Con el paso de los años, Gastronomía José María fue evolucionando desde una estructura sencilla y muy centralizada hacia una organización más compleja. El aumento de la demanda y el reconocimiento de la marca exigieron una mayor profesionalización de la gestión y una ampliación progresiva del equipo humano.

Este crecimiento no estuvo exento de tensiones. La necesidad de introducir procedimientos, delegar responsabilidades y estructurar la organización debía convivir con el deseo de preservar el espíritu original del proyecto. La empresa se enfrentó así a uno de los retos clásicos de las empresas familiares: crecer sin perder la identidad.

La consolidación del negocio se apoyó en una combinación de experiencia, aprendizaje continuo y una clara orientación al largo plazo. El éxito alcanzado no se explicaba únicamente por factores externos, sino por una forma concreta de entender la empresa y el trabajo diario.

4.3   Organización

4.3.1   Una concepción integral de la empresa

Uno de los rasgos más distintivos de Gastronomía José María ha sido su concepción de la empresa como una realidad que trasciende lo puramente económico. Desde la dirección se ha insistido en que la empresa no puede reducirse a un mecanismo de generación de beneficios, sino que debe entenderse como un proyecto humano con impacto social.

Esta visión se traduce en la idea de la empresa como comunidad de personas, donde directivos, empleados, proveedores y clientes participan, cada uno desde su posición, en un mismo proyecto. El beneficio económico se considera un requisito necesario para la continuidad, pero no el único criterio para evaluar el éxito empresarial.

Esta manera de entender la empresa ha influido de forma decisiva en las políticas internas, en la relación con el entorno y en la toma de decisiones estratégicas, especialmente en momentos de dificultad.

4.3.2 Las personas en el centro del proyecto

La política de gestión de personas ha sido uno de los pilares fundamentales del desarrollo de la empresa. Desde sus inicios, Gastronomía José María apostó por relaciones laborales estables, basadas en la confianza, el respeto mutuo y el reconocimiento del trabajo bien hecho.

Muchos empleados han desarrollado una larga trayectoria dentro de la organización, lo que ha permitido acumular conocimiento, experiencia y un fuerte sentido de pertenencia. La formación interna y la promoción desde dentro han sido herramientas habituales para reforzar el compromiso y la profesionalidad del equipo.

Esta centralidad de las personas no se ha entendido como una estrategia de imagen, sino como una convicción profunda sobre el papel del trabajo y la dignidad de quienes lo realizan. Con el tiempo, esta cultura interna se convirtió en una de las principales fortalezas de la empresa.

4.3.3 Cultura empresarial y valores

La cultura de Gastronomía José María se ha construido de manera progresiva, a partir del ejemplo del fundador y de la coherencia entre discurso y práctica. Valores como el esfuerzo, la responsabilidad, la cercanía y la orientación al cliente han guiado el comportamiento cotidiano dentro de la organización.

Esta cultura ha funcionado como un marco de referencia compartido que facilita la toma de decisiones y la resolución de conflictos. En situaciones de incertidumbre, los valores actúan como un elemento estabilizador, ofreciendo criterios claros cuando los manuales o los procedimientos resultan insuficientes.

 **UFV** | Editorial

Marta Torres Polo con la supervisión del Profesor José Ramón Pin Arboledas, basado en el caso redactado por los profesores Luis Expósito Sáez y José Luis Gómez Lega.

La cultura empresarial, lejos de ser un elemento abstracto, se manifiesta en la forma de trabajar, en el trato con los clientes y en la manera de afrontar los problemas.

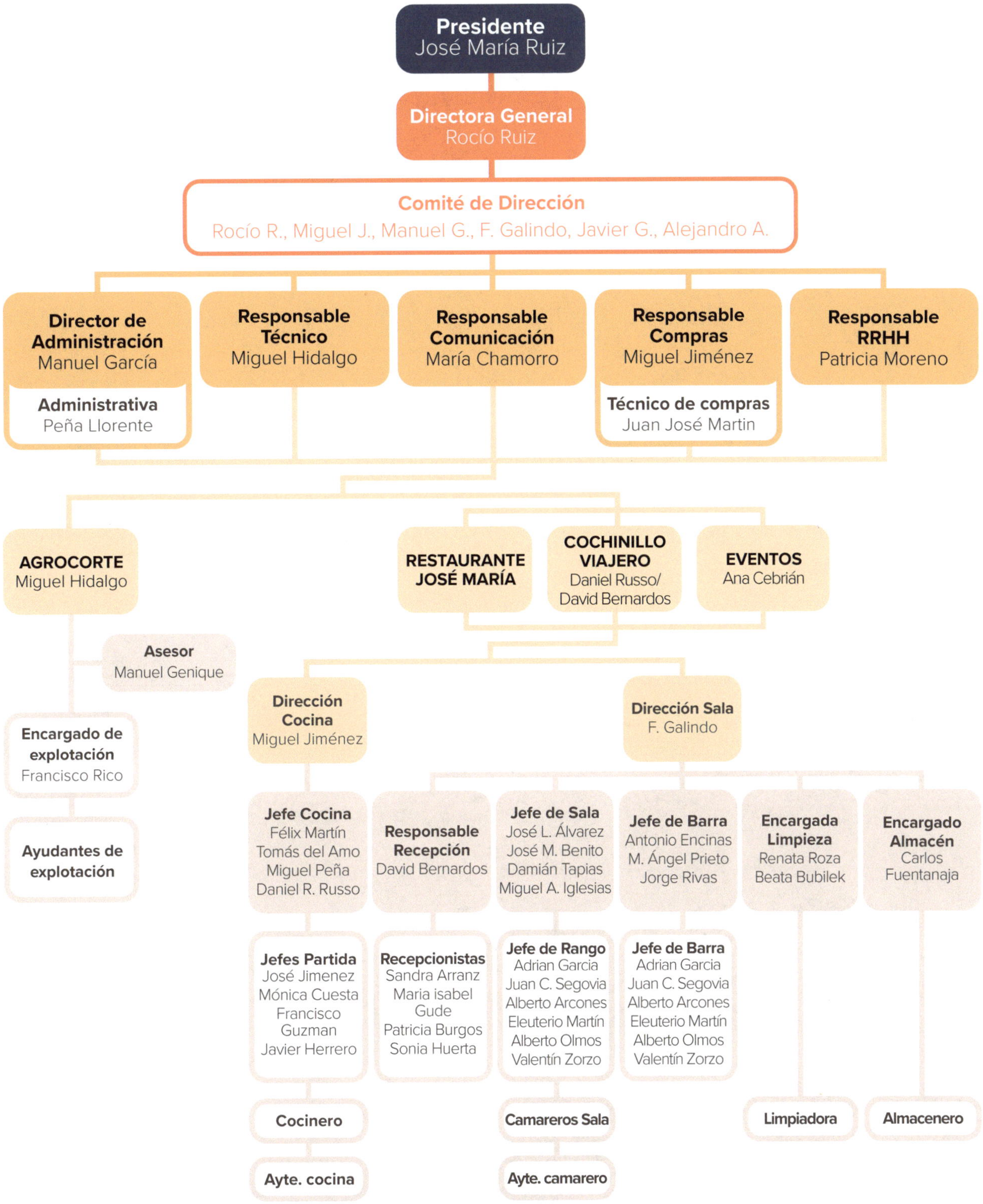

Presidente
José María Ruiz

Directora General
Rocío Ruiz

Comité de Dirección
Rocío R., Miguel J., Manuel G., F. Galindo, Javier G., Alejandro A.

Director de Administración
Manuel García

Responsable Técnico
Miguel Hidalgo

Responsable Comunicación
María Chamorro

Responsable Compras
Miguel Jiménez

Responsable RRHH
Patricia Moreno

Administrativa
Peña Llorente

Técnico de compras
Juan José Martin

AGROCORTE
Miguel Hidalgo

RESTAURANTE JOSÉ MARÍA

COCHINILLO VIAJERO
Daniel Russo/ David Bernardos

EVENTOS
Ana Cebrián

Asesor
Manuel Genique

Encargado de explotación
Francisco Rico

Ayudantes de explotación

Dirección Cocina
Miguel Jiménez

Dirección Sala
F. Galindo

Jefe Cocina
Félix Martín
Tomás del Amo
Miguel Peña
Daniel R. Russo

Responsable Recepción
David Bernardos

Jefe de Sala
José L. Álvarez
José M. Benito
Damián Tapias
Miguel A. Iglesias

Jefe de Barra
Antonio Encinas
M. Ángel Prieto
Jorge Rivas

Encargada Limpieza
Renata Roza
Beata Bubilek

Encargado Almacén
Carlos Fuentanaja

Jefes Partida
José Jimenez
Mónica Cuesta
Francisco Guzman
Javier Herrero

Recepcionistas
Sandra Arranz
Maria isabel Gude
Patricia Burgos
Sonia Huerta

Jefe de Rango
Adrian Garcia
Juan C. Segovia
Alberto Arcones
Eleuterio Martín
Alberto Olmos
Valentín Zorzo

Jefe de Barra
Adrian Garcia
Juan C. Segovia
Alberto Arcones
Eleuterio Martín
Alberto Olmos
Valentín Zorzo

Limpiadora

Almacenero

Cocinero

Camareros Sala

Ayte. cocina

Ayte. camarero

4.4   Transición generacional y continuidad del proyecto

Como en muchas empresas familiares, la continuidad del proyecto planteó el desafío del relevo generacional. La incorporación de la siguiente generación se realizó de forma gradual, combinando el respeto por la trayectoria del fundador con la introducción de nuevas perspectivas y competencias.

Este proceso exigió diálogo, aprendizaje mutuo y una clara voluntad de preservar el proyecto común por encima de intereses individuales. El objetivo no era reproducir exactamente el pasado, sino asegurar que los principios fundamentales del negocio pudieran mantenerse en un entorno cada vez más cambiante.

La transición generacional se convirtió así en un ejercicio de equilibrio entre tradición e innovación, clave para la sostenibilidad futura de la empresa.

 **UFV** | Editorial

Marta Torres Polo con la supervisión del Profesor José Ramón Pin Arboledas, basado en el caso redactado por los profesores Luis Expósito Sáez y José Luis Gómez Lega.

4.5 Estrategia empresarial antes de la crisis

Antes de la pandemia, la estrategia de Gastronomía José María se caracterizaba por una combinación de prudencia y ambición contenida. El crecimiento no se entendía como un fin en sí mismo, sino como la consecuencia natural de hacer bien las cosas de forma sostenida en el tiempo. La dirección evitaba decisiones precipitadas, especialmente aquellas que pudieran comprometer la identidad del proyecto o la estabilidad del equipo humano.

La propuesta de valor se apoyaba en elementos difícilmente imitables: la calidad del producto, la experiencia del cliente, el prestigio de la marca y una cultura interna muy arraigada. No se competía principalmente en precio, sino en diferenciación, lo que permitía mantener márgenes razonables y una relación sólida con la clientela.

Esta estrategia, eficaz en contextos de normalidad, se vería sometida a una prueba extrema con la llegada de la crisis sanitaria.

4.6 Crisis

4.6.1 La irrupción de la pandemia y el colapso de la actividad

El estallido de la COVID-19 supuso un punto de ruptura radical. El cierre inmediato de los establecimientos dejó a la empresa sin ingresos de un día para otro, mientras los costes fijos seguían presentes. La incertidumbre era total: no se conocía la duración del confinamiento, ni las condiciones de reapertura, ni la evolución futura del comportamiento del consumidor.

La dirección se enfrentó a una situación inédita, en la que los instrumentos habituales de planificación resultaban insuficientes. Las decisiones debían tomarse con información incompleta y bajo una fuerte presión emocional, tanto por la responsabilidad económica como por el impacto humano de cada medida.

El problema ya no era cómo crecer, sino cómo resistir y preservar lo esencial del proyecto.

4.6.2 Decisiones críticas y dilemas éticos

En este contexto, la empresa tuvo que adoptar decisiones difíciles. La gestión del empleo se convirtió en uno de los principales dilemas. La posibilidad de acogerse a mecanismos extraordinarios, como los expedientes de regulación temporal, era legal y económicamente razonable, pero planteaba interrogantes desde el punto de vista humano y cultural.

La dirección tuvo que ponderar distintos factores: la viabilidad económica del negocio, la responsabilidad hacia los trabajadores, la sostenibilidad a largo plazo y la coherencia con los valores que habían guiado históricamente la empresa. No todas las decisiones tenían una solución claramente correcta; muchas implicaban elegir el mal menor o asumir costes en aras de preservar el proyecto común.

Estas decisiones pusieron de manifiesto que la ética empresarial no se limita a cumplir la normativa, sino que se juega especialmente en contextos límite, donde las consecuencias humanas son evidentes.

4.6.3 Liderazgo en tiempos de incertidumbre

La crisis evidenció la importancia del liderazgo. Más allá de la toma de decisiones técnicas, se hizo necesario un liderazgo capaz de ofrecer sentido, transmitir confianza y sostener al equipo en un momento de gran fragilidad emocional.

La comunicación interna adquirió un papel central. Informar con transparencia, reconocer las dificultades y evitar falsas promesas se convirtió en una prioridad. El liderazgo no se ejercía únicamente desde la autoridad formal, sino desde la cercanía, la escucha y el ejemplo personal.

Marta Torres Polo con la supervisión del Profesor José Ramón Pin Arboledas, basado en el caso redactado por los profesores Luis Expósito Sáez y José Luis Gómez Lega.

En este escenario, el líder deja de ser solo un gestor de recursos para convertirse en un referente humano, capaz de mantener la cohesión del equipo cuando el contexto amenaza con fragmentarlo.

4.6.4 Adaptación, aprendizaje y nuevas formas de operar

A medida que avanzaba la crisis, la empresa comenzó a explorar alternativas para adaptarse a la nueva realidad. Se evaluaron cambios en los procesos, ajustes en la oferta y nuevas formas de relación con los clientes. Algunas iniciativas surgieron como respuesta inmediata a la emergencia; otras se plantearon con una visión más estratégica.

Este periodo puso de relieve la capacidad de aprendizaje organizativo. La empresa tuvo que desaprender ciertas rutinas y desarrollar nuevas competencias en un tiempo muy reducido. La flexibilidad, hasta entonces un valor implícito, se convirtió en una condición imprescindible para la supervivencia.

La crisis actuó así como un acelerador de cambios que, en circunstancias normales, habrían requerido años.

4.6.5 Empresa, sociedad y responsabilidad en tiempos de crisis

La pandemia no solo afectó a la empresa, sino al conjunto de la sociedad. En este contexto, la relación de Gastronomía José María con su entorno adquirió una nueva dimensión. La empresa se vio interpelada no solo como agente económico, sino como actor social con capacidad de contribuir, aunque fuera de forma limitada, al bienestar colectivo.

Esta conciencia social reforzó la idea de que la empresa no opera en el vacío. Su legitimidad depende, en buena medida, de cómo actúa cuando las circunstancias son adversas y de si es capaz de mantener un compromiso real con las personas y la comunidad.

La crisis evidenció que la responsabilidad social no es un añadido externo, sino una dimensión integrada en la propia identidad empresarial.

4.7   Reflexiones finales para el análisis

El caso de Gastronomía José María permite reflexionar sobre cuestiones centrales de la empresa contemporánea: la relación entre rentabilidad y valores, el papel del liderazgo en contextos de incertidumbre, la importancia de la cultura organizativa y los límites de la planificación racional.

La experiencia vivida durante la pandemia muestra que las empresas no solo se ponen a prueba en los momentos de éxito, sino, sobre todo, en las situaciones límite. Es entonces cuando se revela si los principios que se proclaman forman parte real del proyecto o si eran meros elementos retóricos.

Este caso invita al lector a analizar hasta qué punto es posible conjugar sostenibilidad económica, responsabilidad social y coherencia ética en un entorno marcado por la incertidumbre y el cambio constante.

Marta Torres Polo con la supervisión del Profesor José Ramón Pin Arboledas, basado en el caso redactado por los profesores Luis Expósito Sáez y José Luis Gómez Lega.

4.8 Anexos

Balances consolidados años 2023, 2022, 2019 y 2018 (en el año 2018 se cambia el año fiscal pasando de ser de septiembre a agosto a de enero a diciembre) (Expresados en euros).

	2.023	2.022	2.019	2.018
ACTIVO NO CORRIENTE	**4.941.475**	**3.905.970**	**3.403.241**	**3.283.813**
Inmovilizado intangible	24.078	21.968	49.199	43.786
Fondo de comercio de consolidación	—	—		—
Patentes, licencias, marcas y similares				—
Aplicaciones informáticas	24.078	21.968	7.324	13.336
Otro inmovilizado intangible	—	—	41.875	30.450
Inmovilizado material	**2.946.993**	**3.008.454**	**3.135.768**	**3.218.207**
Terrenos y construcciones	2.766.551	2.809.218	2.856.040	2.899.047
Instalaciones técnicas, maquinaria, y otro inmovilizado material	180.442	199.236	279.728	319.160
Inmovilizado en curso y anticipose	—	—		—
Inversiones financieras en empresas del grupo a largo plazo	**1.950.000**	**850.000**	**200.000**	**—**
Instrumentos de patrimonio				—
Créditos a vinculados	1.950.000	850.000	200.000	—
Inversiones financieras a largo plazo	**8.040**			
Instrumentos de patrimonio	8.040			—
Otros Activos Financieros				
Activos por impuesto diferido				
Activos por impuesto diferido	12.364	25.548	18.274	21.820
ACTIVO CORRIENTE	**1.669.899**	**2.157.411**	**1.321.706**	**1.004.302**
Existencias	235.220	254.453	235.220	254.453
Comerciales	235.220	254.453	235.220	254.453
Deudores comerciales y otras cuentas a cobrar	770.984	408.019	770.984	408.019
Clientes por ventas y prestaciones de servicios	33.900	58.533	33.900	58.533
Clientes, empresas del grupo	736.821	349.487	736.821	349.487
Clientes, empresas vinculadas	—	—	-	-
Deudores varios	—		-	
Personal	263	—	263	-
Activos por impuesto corriente	—		-	-
Otros créditos con las Admin. Públicas	—	0	-	0
Inversiones en empresas del grupo y asociadas a corto plazo	**35.716**	**16.188**	**2.047**	**47.077**
Créditos a empresas / vinculadas	35.716	16.188	2.047	
Otros activos financieros	—	—		47.077
Inversiones financieras a corto plazo	**—**	**—**	**—**	**—**
Créditos a empresas	—	—	—	—
Otros activos financieros	—	—	—	—
Periodificaciones a corto plazo	3.060	2.492	3.060	2.492
Efectivo y otros activos líquidos equivalentes	624.920	1.476.258	905.162	674.254
Tesorería	624.920	1.476.258	905.162	674.254
TOTAL ACTIVO	**6.611.374**	**6.063.381**	**4.724.947**	**4.288.115**

Patrimonio Neto y Pasivo (Expresados en euros).

	2.023	2.022	2.019	2.018
PATRIMONIO NETO	**4.382.071**	**4.143.647**	**3.243.613**	**3.586.527**
Fondos propios	4.359.298	4.116.363	3.231.572	3.572.168
Capital	11.687	11.687	11.687	11.687
Capital escriturado	11.687	11.687	11.687	11.687
Prima de emisión	1.497.666	1.497.666	1.497.666	1.497.666
Resultados negativos de ejercicios anteriores	0	0		
Reservas	2.322.010	1.810.427	1.271.800	800.317
Legal y estatutarias	2.337	113.901	2.337	2.338
Otras reservas	2.319.672	1.696.526	1.269.463	797.979
Reservas de consolidación				
Remanente				
Otras aportaciones de socios	285.000	285.000	285.000	285.000
Resultado del ejercicio	842.935	511.583	165.419	1.077.498
(Dividendo a cuenta)	-600.000			-100.000
Ajustes por cambio de valor				
Subvenciones, donaciones y legados recibidos	22.773	27.284	12.041	14.359
PASIVO NO CORRIENTE	**906.417**	**543.779**	**984.197**	**5.775**
Deudas a largo plazo	898.827	534.685	979.912	0
Deuda con entidades de crédito	898.827	534.685	979.912	
Acreedores por arrendamiento financiero				
Otros pasivos financieros				
Deudas con empresas del grupo y asociadas a largo plazo	0	0		
Pasivos por impuesto diferido	7.591	9.095	4.285	5.775
PASIVO CORRIENTE	**1.322.886**	**1.375.955**	**497.137**	**695.813**
Deudas a corto plazo	451.673	488.668	28.036	25.599
Deuda con entidades de crédito	439.369	464.478	20.088	
Acreedores por arrendamiento financiero	0	0		
Otros pasivos financieros	12.304	24.189	7.948	25.599
Deudas con empresas del grupo y asociadas a corto plazo	215.887	154.834	54.895	47.077
Acreedores comerciales y otras cuentas a pagar	655.327	732.453	414.205	670.214
Proveedores	268.722	253.316	128.081	265.049
Proveedores, empresas del grupo	79.846	92.902	99.782	55.950
Proveedores, empresas vinculadas	0	116.068	46.873	96.743
Acreedores varios	27.442	41.663	14.351	16.343
Personal (remuneraciones pendientes de pago)	78.180	92.283	60.687	110.937
Pasivos por impuesto corriente	0	0		
Otras deudas con las Administraciones Públicas	201.138	136.221	64.432	125.192
Anticipos de clientes				
TOTAL PATRIMONIO NETO Y PASIVO	**6.611.374**	**6.063.381**	**4.724.947**	**4.288.115**

Marta Torres Polo con la supervisión del Profesor José Ramón Pin Arboledas, basado en el caso redactado por los profesores Luis Expósito Sáez y José Luis Gómez Lega.

Cuenta de pérdidas y ganancias consolidadas años 2023, 2022, 2019 y 2018. RTEJM
(Expresados en euros).

	2.023	2.022	2.019	2.018
A) OPERACIONES CONTINUADAS				
1. Importe neto de la cifra de negocios	**9.821.790**	**8.301.684**	**5.799.645**	**8.518.016**
a) Ventas	9.821.790	8.301.184	5.799.645	8.513.016
b) Prestaciones de servicios	—	500		5.000
2. Variación de existencias de productos terminados y en curso de fabricación	—	—		
3. Trabajos realizados por la empresa para su activo	—	—		
4. Aprovisionamientos	**-4.315.044**	**-3.688.980**	**-2.613.893**	**-3.690.085**
a) Consumo de mercaderías	-1.745.819	-1.530.600	-1.054.155	-1.535.193
b) Consumo de materias primas y otras materias consumibles	-2.569.225	-2.158.380	-1.559.738	-2.154.892
c) Trabajos realizados por otras empresas	—	—		
d) Deterioro de mercaderías, materias primas y otros aprovisionamientos	—	—		
5. Otros ingresos de explotación	—	1.700		
a) Ingresos accesorios y otros de gestión corriente	—	—		
b) Subvenciones de explotación incorporadas al resultado del ejercicio	—	1.700		
6. Gastos de personal	**-3.309.741**	**-2.982.344**	**-2.202.115**	**-2.882.343**
a) Sueldos, salarios y asimilados	-2.522.815	-2.322.971	-1.617.616	-2.205.801
b) Cargas sociales	-786.925	-659.373	-584.499	-676.542
c) Provisiones	—	—		
7. Otros gastos de explotación	**-962.679**	**-882.510**	**-664.425**	**-743.028**
a) Servicios exteriores	-931.723	-852.212	-637.041	-733.296
b) Tributos	-30.955	-30.298	-27.384	-9.732
c) Pérdidas, deterioro y variación de provisiones por operaciones comerciales	—	—		
d) Otros gastos de gestión corriente	—	—		
e) Gastos por emisión de gases de efecto invernadero	—	—		
8. Amortización del inmovilizado	-112.630	-115.546		-132.905
9. Imputación de subvenciones de inmovilizado no financiero y otras	6.015	4.797	-116.719	3.091
10. Exceso de provisiones	—	—	3.091	
11. Deterioro y resultado por enajenaciones del inmovilizado	—	—		
a) Deterioros y pérdidas	—	—		
b) Resultados por enajenaciones y otras	—	—		
c) Deterioro y resultados por enajenaciones del inmovilizado de las sociedades holding	—	—		
12. Diferencia negativa de combinaciones de negocio	—	—		
13. Otros resultados	1.185	4.478	-1.935	4.752
A.1) RESULTADO DE EXPLOTACIÓN	**1.128.896**	**643.278**	**203.650**	**1.077.498**

	2.023	2.022	2.019	2.018
14. Ingresos financieros	19.527	10.889	2.047	—
a) De participaciones en instrumentos de patrimonio	—	—	2.047	
a1) En empresas del grupo y asociadas	—	—	2.047	
b) De valores negociables y otros instrumentos financieros	19.527	10.889		—
b1) De empresas del grupo y asociadas	19.527	10.889		
b2) De terceros	—	—		
15. Gastos financieros	-41.251	-18.083	-1.490	—
a) Por deudas con empresas del grupo y asociadas	—			
b) Por deudas con terceros	-41.251	-18.083	-1.490	
A.2) RESULTADO FINANCIERO	**-21.724**	**-7.194**	**556**	**—**
A.3) RESULTADO ANTES DE IMPUESTOS	**1.107.172**	**636.084**	**204.207**	**1.077.498**
20. Impuestos sobre beneficios	-264.237	-124.502	-38.788	-259.973
A.4) RESULTADO DEL EJERCICIO PROCEDENTE DE OPERACIONES CONTINUADAS	**842.935**	**511.583**	**165.419**	**817.525**
B) OPERACIONES INTERRUMPIDAS				
21. Resultado del ejercicio procedentes de operaciones interrumpidas neto de impuestos				
A.5) RESULTADO DEL EJERCICIO	**842.935**	**511.583**	**165.419**	**817.525**

Noticias de prensa marzo 2020

≡ expansion.com/economia/2020/03/20/5e74601be5fdea08298b45ac.html
≡ modaes.com/entorno/la-comunidad-de-madrid-y-cataluna-decretan-el-cierre-de-tiendas
≡ comunidad.madrid/noticias/2020/03/13/ordenamos-cierre-establecimientos-comercios-alimentacion-primera-necesidad
≡ modaes.com/entorno/la-comunidad-de-madrid-y-cataluna-decretan-el-cierre-de-tiendas
≡ restaurantejosemaria.com

Marta Torres Polo con la supervisión del Profesor José Ramón Pin Arboledas, basado en el caso redactado por los profesores Luis Expósito Sáez y José Luis Gómez Lega.

5 MIA COSMETICS PARIS

SIΞ

En 2014, Marta y Jorge unieron sus talentos y apostaron por una idea ambiciosa: **crear una marca de cosmética desde cero,** sin presupuesto ni contactos en el sector. Así nació **MIA Cosmetics Paris,** enfocada en el canal farmacia y con una imagen de marca cuidada que pronto destacó en redes sociales. Durante la pandemia, supieron reinventarse diversificando su actividad, lo que impulsó su crecimiento y les permitió llegar a más de 3.000 farmacias. **MIA se lanza a la conquista de mercados internacionales** con el respaldo de un socio estratégico ■

5.1   Inicios

Marta estudia Administración y Dirección de Empresas en ICADE, pero desde siempre su pasión había sido "crear cosas", después de un año de probar en banca, decidió que eso no era lo suyo.

En el año 2009, gracias al trabajo de su marido, se desplazaron a Nueva York donde aprovechó para formarse en el sector moda que era su vocación. De vuelta a España, consigue trabajo en Inditex en Barcelona como jefa de producto. Había conseguido su sueño.

En el año 2013 vuelven a Madrid, esta vez le tocaba a Marta seguir a su marido al que le habían propuesto un buen puesto de dirección en una agencia de comunicación y además, iba a ser madre. Le dio una gran pena dejar su trabajo, pero apostó por su familia.

Tuvo varias entrevistas de trabajo en empresas de moda, pero todas implicaban viajar mucho y estar largos periodos de tiempo fuera de casa, incompatible con su nueva etapa personal.

Por causas del destino conoce a Jorge y su vida cambia.

5.2   Llega la primera oportunidad

Jorge es venezolano, por la situación política de su país tiene que abandonarlo y empieza una nueva vida en España. Lo único que trae son sus hijas, su mujer y tres maletas.

En Venezuela tenía una empresa de llenado de esmaltes de uñas al por mayor, trabajaba con empresas grandes como el Grupo L'Oreal, su único plan era poder continuarlo en España.

En 2014 Marta conoce a Jorge y le propone hacer toda la imagen de marca de la empresa, desde la consultoría de branding, al posicionamiento de la marca y antes de empezar a comercializar la marca, Jorge le propone entrar en el proyecto. Marta estaba embarazada de su segunda hija y aunque le costó aceptar finalmente decide entrar en el negocio aunque sabía que empezaban desde cero, pero le ilusionaba la idea y empezaron a trabajar.

Sin presupuesto alguno, se reunieron con una Asociación de Perfumería y Cosmética, les plantearon el modelo de negocio: Crear una marca de esmaltes de uñas y maquillaje en canal farmacia: "veíamos que había un hueco después de hacer el estudio de mercado", la respuesta fue tajante: "no tenéis nada que hacer, ni lo intentéis".

El argumento que les dieron fue real a la vez que desolador: "No tenéis presupuesto de marketing, no tenéis reputación, no tenéis equipo, no tenéis nada y además, el canal farmacia es muy tradicional y no os conoce nadie". Todo era verdad, pero se olvidaron de una cosa: ¡Tenían muchas ganas!

Al salir de la reunión se miraron a los ojos: ¿Qué no podemos? Pues ya verán. Marta se cogió una maleta llena de esmaltes de uñas y se puso a visitar farmacia por farmacia, fue duro porque no le hacían ni caso. Marta venía de una empresa como Inditex en la que tienes el poder, tú negocias con el proveedor, pues aquí era todo lo contrario, se convirtió en la "chica de los pintauñas". Viendo que estaba siendo complicado pensaron en la siguiente estrategia: Hacer relaciones dentro del canal.

El canal farmacia es un sector complicado, muy endogámico, que se gestiona a través de las cooperativas y de los grandes centros farmacéuticos. Si no te conocen, la farmacia no pide tu producto. Había que intentar llegar a las 22.000 farmacias que hay en España. Los distribuidores no hacen una acción proactiva de las marcas, solo hacen distribución.

Había que hacer algo diferente para que se fijaran en su producto y en la marca. Le dieron una vuelta de tuerca y cuidaron mucho la imagen, los detalles, el enviar la cajita de esmaltes con las flores a las farmacias, eso no lo hacía nadie. Se posicionaron en redes sociales.

La marca MIA era muy instagrameable, el poco dinero que tenían lo invirtieron en hacer fotos, cuidar el producto y la imagen de marca aparte de la formulación. Y así empezaron a tener sus primeros clientes. El equipo comercial fue creciendo, llegando en 2024 a tener un equipo de 25 comerciales exclusivos para la marca.

5.3 Surge otra oportunidad

Cuando todo parecía ir muy bien llegó la pandemia del COVID-19, en 2020 se paraliza la venta de cosmética. El canal farmacia estaba abierto, pero solo para primera necesidad, se retiran todos los testers, no se puede probar el producto y esto no facilita la venta.

Entonces Jorge, acostumbrado a gestionar crisis, después de haber tenido que dejar su país y empezar de cero, reacciona y diversifica la empresa. Se ponen a fabricar sus propios expositores lo que ayuda a las farmacias para exponer su producto, tienen flexibilidad y se adaptan al espacio que tiene la farmacia lo que le diferencia de las grandes marcas que tienen expositores estándar, esto les permite estar en buen sitio dentro de la farmacia en la que hay tránsito como estar cerca de la caja.

La pandemia tuvo oportunidad y la supieron aprovechar. Tenían metacrilato con el que hacían los expositores, entonces Jorge pensó ¿Por qué no hacemos las mamparas de seguridad de las farmacias? Dicho y hecho. En plena pandemia hicieron más de 50.000 mamparas y pasaron de tener 2.000 clientes a 3.000 farmacias clientes en España.

Con esta nueva línea de negocio, amplían sus marcas y, aparte de MIA Cosmetics París dedicada a la parte cosmética, se crea la marca CREATIF encargada de los expositores en el punto de venta.

En 2024 la marca MIA es número uno en farmacias, uno de cada dos esmaltes que se venden en farmacias son de la marca y están dentro de los cinco primeros en maquillaje.

Marta Torres Polo con la supervisión
del Profesor José Ramón Pin Arboledas

5.4 Y la tercera oportunidad: "Queremos crecer y tener expansión internacional"

No se lo podían creer, en menos de 10 años lo habían conseguido, eran números uno en ventas. Y ¿ahora qué hacemos? Quieren crecer pero no a cualquier precio, se plantean buscar un socio no financiero sino estratégico.

Y se les ocurre escribir por LinkedIn al presidente de una de las empresas farmacéuticas más importantes en España. La respuesta deja sin palabras a Marta: "Qué bien lo estáis haciendo".

Se conocen, visitan la fábrica y, les hacen el encargo de fabricarles los expositores de sus marcas. Así es cómo conocen al que podría ser su socio estratégico para darle un impulso a la marca, sobre todo de forma internacional.

Al día siguiente, Marta que ve claramente el potencial de crecimiento de la empresa le comenta a Jorge ¿Crees que deberíamos hablar con ellos? a lo que responder Jorge: "No sé si es buena idea plantear una ampliación de capital, perderíamos el control".

5.5 Anexo

Balance de situación	2.022	2.021
Total activo	**2.947.834**	**1.775.233**
Inmovilizado	519.157	523.213
Inmovilizado inmaterial	129.144	127.746
Inmovilizado material	385.913	388.566
Otros activos fijos	4.100	6.900
Activo circulante	2.428.677	1.252.020
Existencias	1.617.606	967.122
Deudores	750.194	229.360
Otros activos líquidos	60.876	55.538
Tesorería	41.774	—
Total pasivo y capital propio	**2.947.834**	**1.775.233**
Fondos propios	1.899.405	313.475
Capital suscrito	223.766	150.000
Otros fondos propios	1.675.639	163.475
Pasivo fijo	555.839	686.962
Acreedores a L. P.	555.839	686.962
Otros pasivos fijos	0	0
Provisiones	—	—
Pasivo líquido	492.590	774.796
Deudas financieras	—	121.864
Acreedores comerciales	295.118	80.752
Otros pasivos líquidos	197.472	572.180
Fondo de maniobra	**2.072.683**	**1.115.732**
Número empleados	**28**	**20**

Cuentas de pérdidas y ganancias	2.022	2.021
Ingresos de explotación	2.886.690	2.205.208
Importe neto Cifra de Ventas	2.886.690	2.205.136
Consumo de mercaderías y de materias	594.506	617.662
Resultado bruto	2.292.184	1.587.546
Otros gastos de explotación	2.140.828	1.463.079
Resultado Explotación	151.356	124.467
Ingresos financieros	11	127
Gastos financieros	37.062	40.627
Resultado financiero	-37.051	-40.501
Resultados ordinarios antes Impuestos	114.305	83.967
Impuestos sobre sociedades	28.375	21.299
Resultado Actividades Ordinarias	85.930	62.667
Ingresos extraordinarios	n.d.	n.d.
Gastos extraordinarios	n.d.	n.d.
Resultados actividades extraordinarias	n.d.	n.d.
Resultado del Ejercicio	85.930	62.667

Materiales	594.506	617.662
Gastos de personal	949.791	694.230
Dotaciones para amortiz. de inmovil.	32.903	27.577
Otros Conceptos de Explotación	-1.158.134	-741.272
Gastos financieros y gastos asimilados	34.262	40.627

Cash flow	118.833	90.244
Valor agregado	1.131.260	846.401
EBIT	151.356	124.467
EBITDA	184.258	152.044

	2022	2021	2020	2019	2018	2017	2016
Ingresos (miles de euros)	3.885	2.205	2.132	1.161	645	135	2
Resultado (miles de euros)	85	62	30	15	20	7	-48
Total activo (miles de euros)	2947	1775	1698	854	490	146	21
Fondos propios (miles de euros)	1.899	313	250	145	129	11	-44
Liquidez (%)	4'93	1'22	1'85	1'30	1'23	0'93	0'08
Endeudamiento (%)	35'5	82'3	85'2	82'3	73'4	92'4	305
Empleados	28	18	18	15	15	n.d	n.d

5.6 Últimas decisiones

Buenos días Jorge, tenemos que tomar una decisión. Ya sé que si vendemos perdemos el control, pero es la única forma de crecer. La última palabra la tienes tú como socio mayoritario.

LA GRAN DECISIÓN

En el año 2023, realizan una ampliación de capital en la que entra un nuevo socio que se queda con el 51% del capital social de Laurens Cosmetics SL, lo que les permite internacionalizar la marca.

6

OFIMOBEL

SIΞ
Universidad Francisco de Vitoria

Caso realizado por **el profesor Tomás Alfaro** con la supervisión del **Profesor José Ramón Pin Arboledas** y la **profesora Marta Torres-Polo.**

El caso no supone una valoración de las circunstancias en el redactadas. Se presenta como base de discusión y no como la ilustración de la gestión adecuada o inadecuada de una situación determinada.

El Domingo 8 de junio de 2014, **Juan Remano había pasado un fin de semana bastante desasosegado.** Al día siguiente, lunes, a las 9 de la mañana, era la **fecha límite para tomar una grave decisión**, probablemente la más grave de su vida profesional y una de las más importantes de su vida personal, que llevaba inquietándole desde que se planteó la situación varios meses atrás.

Juan tenía 54 años. Era **licenciado en derecho** y tras acabar la carrera **empezó a trabajar en Ofimobel,** empresa dedicada a la fabricación y venta de mobiliario de oficina, de la que **había llegado a ser director de Recursos Humanos** ■

6.1   Antecedentes de la empresa y situación familiar del propietario

Ofimobel había sido fundada en 1958 por D. Pedro Moblero. D. Pedro había nacido en 1938 en un pueblo bastante pobre de los montes de Toledo. No tenía estudios, pero a los 20 años se dio cuenta de que en Talavera de la Reina, donde había ido a vivir, estaban surgiendo empresas que necesitaban muebles de oficina que no eran fáciles de encontrar. Encargó a su amigo Andrés Mader, que era carpintero, que le hiciese unos muebles para vender en las oficinas de Talavera. Poco a poco, la empresa fue creciendo y en 2014 era una empresa de un tamaño considerable, 328 empleados, que hacía una amplia gama de muebles de oficina, vendía en toda España y exportaba a Francia, Bélgica, Portugal e Italia.

Andrés Mader fue el director de fábrica hasta que murió en 2001, pero nunca quiso ser accionista de la empresa. En los cincuenta y seis años de vida de Ofimobel, la empresa fue atrayendo a un equipo muy variado de profesionales, todos de gran valía.

La empresa había generado a lo largo de su vida muchos beneficios por lo que D. Pedro Moblero podía considerarse un hombre con una sólida situación económica pues era muy austero en su vida personal y, su hijo mayor, con quien le unía, a pesar de las diferencias que habían tenido en el pasado, un gran cariño mutuo, le gestionaba los ahorros con gran solvencia y prudencia.

D. Pedro era, además de dueño del 100% de la empresa, su presidente y director general. Toda su vida había procurado ser honesto como empresario y como persona. Había enviudado hacía 11 años y de su matrimonio tenía tres hijos, dos chicos y una chica. El hijo mayor, Fernando, tras hacer brillantemente la carrera de Ingeniero Industrial, trabajó un tiempo en la empresa de su padre, pero no le gustaba vivir bajo la sombra de papá y, en cuanto tuvo un poco de experiencia, se fue de casa a hacer un MBA, que se pagó él mismo mediante un préstamo, a una importante escuela de negocios americana. Al volver empezó a trabajar en una consultora de primera línea mundial y de ahí pasó a un investment bank, en el que trabajaba en el departamento de Project Finance. No entraba en sus planes dedicarse a la empresa familiar.

El siguiente hijo, Pedro, era una cabeza hueca, que ni terminó nunca sus estudios ni trabajaba en ningún sitio. Vivía en Ibiza, haciéndose el hippy, con el dinero que le enviaba su padre a regañadientes y con cuentagotas.

La hija, Milagros, era médico. Había hecho su especialidad en USA, se había casado allí con un colega americano y vivía en Chicago, sin ninguna intención de dejar los Estados Unidos para volver a España, salvo a pasar las vacaciones.

Así pues, D. Pedro, a sus 76 años, aunque estaba en plenas condiciones físicas y mentales, se daba cuenta de que no le quedaban muchos años en los que pudiera estar al frente de Ofimobel y no tenía ninguna alternativa para la continuidad de la empresa dentro de la familia.

6.2 Situación financiera de Ofimobel

La empresa había tenido una gran expansión en los años anteriores a la crisis que estalló en el 2008. Una buena parte de esa expansión la había financiado con préstamos. Las ventas de la Ofimobel siempre habían estado muy influenciadas por los ciclos económicos. Efectivamente, cuando la situación económica se deterioraba, las empresas no cambaban el mobiliario de oficina porque siempre se podía ir tirando con el que había, aunque no diesen buena imagen. Esto hacía que las ventas de Ofimobel cayesen de una manera paulatina pero bastante rápida y muy profundamente en los primeros años de las épocas de crisis. Sin embargo, cuando se empezaba a sentir la salida de la crisis, las ventas crecían de una manera muy rápida, más rápida de lo que bajaban en el inicio, porque, además de las ventas corrientes, se vendía a las empresas que, en circunstancias normales, hubiesen comprado en años anteriores.

El equipo comercial de Ofimobel, dirigido por Domingo Ventoso, era muy eficaz y mantenía unas excelentes relaciones con los clientes, incluso en las épocas en que no compraban, manteniendo el "fuego sagrado". Esto hacía que estuviese ahí, en cuanto se empezaba a olfatear la salida de la crisis y supiese explotar el sentimiento de los clientes de modernizar la imagen de la empresa tras los años en que habían aguantado con un mobiliario viejo. Pero la fuerte bajada de las ventas en la parte baja de los ciclos hacía que se produjesen unas pérdidas muy notables.

El director financiero, Enrique Monedero, un hombre muy capaz, llevaba años, desde que la empresa salió de la crisis del 92, diciendo que había que cambiar la estructura de costes de la compañía, cambiando costes fijos por variables para que el impacto de los ciclos de ventas en los beneficios se suavizase. Todo esto suponía ineludiblemente reducir drásticamente la plantilla, cosa que D. Pedro no estaba dispuesto a hacer de ninguna de las maneras. Su política de personal era muy paternalista y Juan Remano, aunque se daba cuenta de que Monedero tenía razón, no podía, ni quería, cambiar los puntos de vista de D. Pedro. Ambos conocían a cada uno de sus empleados a la perfección. Sabían de su situación familiar y de sus problemas económicos y personales.

La plantilla era muy antigua, aunque en los últimos años había tenido lugar una sustitución por jubilación de los más mayores. Como consecuencia de esto, había 105 empleados menores de 30 años. En este grupo de los más jóvenes había una penetración bastante significativa, de los movimientos sindicales. También la había entre los más antiguos, aunque en bastante menor proporción. No obstante, las relaciones laborales eran razonablemente buenas, aunque esto no había evitado alguna huelga en el pasado.

Así estaban las cosas, aunque la empresa tenía, al empezar la crisis, una tesorería muy considerable, las pérdidas de los últimos años habían dejado una liquidez prácticamente a cero. Incluso habían hecho que, muy a pesar, tanto de D. Pedro como de Enrique Monedero, se tuviesen que retrasar los pagos a proveedores con el consiguiente aumento de la deuda con ellos y deterioro de sus relaciones comerciales.

En el mes de abril, el banco había llamado al Sr. Monedero para decirle que no le renovaría el préstamo que vencía en julio. Esto supondría la necesidad de instar

el concurso de acreedores. En una negociación in extremis en la que Monedero y Ventoso hicieron ver al banco la posibilidad de que, si se producía un rebote de la economía, se relanzarían las ventas, como había pasado al final de la crisis del 92, consiguieron que el banco les prorrogase el préstamo hasta enero del 2015, eso sí, aumentándole considerablemente el tipo de interés.

Tomás Alfaro con la supervisión del Profesor
José Ramón Pin Arboledas y la profesora Marta Torres-Polo

6.3 Planes de actuación

Ante esta situación, D. Pedro había pedido a su hijo mayor, Fernando, que le hiciese un análisis de las posibilidades de financiación y de restructuración de la empresa. Éste dedicó todo su escaso tiempo libre, en unos días maratonianos, a analizar, junto con el equipo directivo de Ofimobel, la situación de la empresa y las posibles vías de actuación para hacer un plan viable que pudiese permitir un acuerdo con las partes para evitar el concurso de acreedores. Se mirase como se mirase, dos cosas eran imprescindibles.

La primera, acometer la siempre pospuesta variabilización de los costes para disminuir el apalancamiento en operaciones. La segunda, garantizar la sucesión en la dirección de la empresa.

Respecto a la primera, Fernando Moblero trabajó duro con Paco Operol, el director de operaciones, para ver cómo llevar a cabo este proceso de desapalancamiento en operaciones. Había aspectos técnicos que abordar, pero en el mejor de todos los escenarios sería necesario hacer un ERE que redujese el número de empleados en 143 personas. Afortunadamente, la nueva ley de reforma laboral permitía, en caso de situación precaria de la empresa, limitar la indemnización a 20 días por año de antigüedad. Si se mantuviesen los anteriores 45 días, el coste hubiese sido inasumible. A D. Pedro le hubiese gustado poder ser más generoso en la indemnización, pero entre su hijo y Enrique Monedero, le hicieron ver que eso era imposible.

Para que esta reestructuración fuese factible había, además, que hacer una muy importante inversión en nueva maquinaria robotizada. Esta nueva maquinaria requeriría la contratación de 28 personas con una capacitación de la que carecían las personas a las que habría que despedir. Esto dejaría en 213 personas la plantilla de la empresa.

Además, parecía razonable que, si se quería que los proveedores aceptasen no ir al concurso de acreedores y mantuviesen el plazo de cobro habitual de sus facturas, sería necesario regularizar los atrasos de pagos pendientes. Naturalmente, entre la inversión, las indemnizaciones de despido y la regularización de proveedores, el plan necesitaría, para ser viable, que el banco no sólo renovase el préstamo actual, sino que lo aumentase en una cantidad considerable. Pero, en con la perspectiva de la reestructuración, y dado que de otra manera seguramente no recuperaría más que una reducida parte del préstamo, Fernando Moblero habló con el banco y vio que estaba dispuesto a financiar la operación, aunque con unos tipos de interés bastante superiores a los actuales.

La segunda condición necesaria para llegar a un acuerdo con los acreedores era el ser capaces de garantizar la sucesión en la dirección de la empresa. Para ello, Fernando Moblero planteó a su padre y a los directivos la posibilidad de hacer un Management Buy Out (MBO).

Esto suponía que D. Pedro Moblero vendiera la totalidad de la empresa al actual equipo directivo en pleno. Pero esto planteaba el problema típico en estas operaciones,

a saber: que el equipo directivo no tenía dinero para comprar la empresa. En estos casos, si el equipo directivo era competente, era posible que un investment bank les prestase dinero, a través de una compleja operación, para la compra de la empresa. Pero este préstamo, de alto riesgo, aparte de un alto interés, todavía mayor que el del préstamo del otro banco, conllevaba una serie de compromisos por parte de los compradores. Primero, tenían que aportar un mínimo de dinero en metálico proveniente de sus ahorros y, segundo, tenían que aportar como garantía todos los bienes hipotecables que tuviesen.

Por supuesto, también tenían que aportar como garantía las acciones de la propia empresa, pero esto tenía más bien poco valor, puesto que si la empresa no funcionaba, esas acciones serían papel mojado y no resarcirían al banco de su inversión. Pero el hecho de que estas acciones estuviesen en garantía obligaba a los dueños a aplicar todos los beneficios que se generasen a la devolución del préstamo, no pudiendo repartir dividendos hasta que el préstamo no estuviese completamente devuelto.

Como contrapartida, el préstamo era muy flexible y a largo plazo, para poderse adaptar al perfil de generación de cash flow de la empresa. Con todo esto, en caso de que el proyecto fracasase, el equipo directivo comprador quedaba endeudado para muchos años, puesto que, según la legislación, los deudores de un préstamo responden de él con todos sus bienes, presentes y futuros.

Una vez más, Fernando Moblero planteó el asunto a un investment bank. No lo hizo con el banco en el que él trabajaba puesto que había un evidente conflicto de intereses. Obtuvo una propuesta de otro investment bank con las siguientes condiciones:

1. El acuerdo tenía que contar con el visto bueno de D. Pedro Moblero, que tendría que vender todas sus acciones y dejar cualquier cargo directivo o de administración de la nueva sociedad.

2. Los cuatro directivos de la primera línea de Ofimobel tenían que participar con un porcentaje no inferior al 15%.

3. El mismo Fernando Moblero tenía que tener una participación no inferior al 10% en la nueva sociedad y ostentar el cargo de presidente no ejecutivo.

4. La plantilla que se quedase en la empresa tendría que aceptar un recorte salarial de un 7,5% mientras se mantuviese la deuda, y aceptar una actualización salarial no superior al 1,5% o la mitad del IPC, lo que fuese menor, durante ese plazo.

D. Pedro aceptó la condición que le atañía, aunque no de muy buena gana. La empresa era como la niña de sus ojos y parte de su vida, por lo que le dolía mucho dejarla. Pero, por otra parte, no quería ser un obstáculo a la operación, así que acabó por acceder. Aunque era un hombre honesto y de principios, era también duro de pelar, por lo que negoció duramente el precio y exigió que se le pagase al contado. Su hijo Fernando también aceptó, aunque sin demasiado entusiasmo, participar con el 10%. Su situación patrimonial era buena, podía asumirlo y se sentía obligado mo-

Tomás Alfaro con la supervisión del Profesor
José Ramón Pin Arboledas y la profesora Marta Torres-Polo

ralmente a aceptar esa condición sine qua non propuesta por el investment bank, a pesar de que no participaba del cariño que su padre tenía por la empresa.

Los otros cuatro directivos, Juan Remano entre ellos, dudaban sobre qué hacer. Por una parte, para todos ellos, en mayor o menor medida, aceptar las condiciones para invertir en Ofimobel, suponía un riesgo personal y familiar importante. Por otra parte, no hacerlo era como una traición a todos los empleados.

Juan Remano planteó el tema a los empleados, despertando una enorme inquietud. Por un lado, sabían que si no se tomaba esta decisión, la posibilidad de supervivencia de la empresa era mínima. Sólo si los brotes verdes que parecían verse en la economía española florecían en el plazo de seis meses dado por el banco hiciesen que las ventas rebotasen rápidamente, como había pasado en otras crisis, podría la empresa salvarse. Pero esto, sin ser imposible, era poco probable. Y aún en este caso, muchos se daban cuenta de que era inevitable una transformación de la empresa, aunque quizá no tan drástica, si este "milagro" se producía.

Acabaron por aceptar, tras una durísima negociación en la que intentaron, sin éxito, aumentar la indemnización. No obstante, exigieron que se formase un comité de crisis en el que participase el Comité de Empresa, con voz y voto, para definir los criterios de decisión sobre qué empleados entrarían en el ERE. Remano aceptó esta propuesta, aunque se dio cuenta de que iba a ser imposible que en ese comité hubiese acuerdo entre los propios trabajadores sobre esos criterios y preveía que sería fuente de problemas y conflictos. Afortunadamente en ese comité de crisis formado por D. Pedro, Fernando Moblero, los cuatro directivos de primera línea y varios cuadros intermedios, los miembros del Comité de Empresa estaban en minoría.

Paco Operol planteó el asunto a los proveedores. Más de la mitad de ellos, entre los que estaban los más importantes, dijeron que aceptarían la propuesta sin rebajar los plazos de cobro acostumbrados, siempre que se regularizasen los atrasos pendientes.

6.4 La plantilla de Ofimobel

Ofimobel contaba con 328 empleados. De estos, 105 tenían menos de 30 años. Entre los treinta y los cuarenta años había un hueco de edad en la que sólo había 12 empleados. Después había 114 que estaban en una situación muy delicada. Si entrasen en el ERE, el día en que se les terminase la prestación de desempleo, no tendrían derecho a la pensión de jubilación. Por tanto, salvo que se prorrogase la duración de la prestación de desempleo, si no encontraban trabajo, se quedarían sin ingresos. De estos había 14 —siete parejas— que eran marido y mujer o pareja estable. Por último había 97 empleados que por los años de cotización que llevaban, alcanzarían la edad de jubilación voluntaria antes de que se les terminase el seguro de desempleo, si bien sólo 41 de éstos alcanzarían la edad necesaria para tener el 100% de la prestación de jubilación antes de que se les terminase el subsidio de desempleo.

A Juan Remano se le plantearon muchas maneras de afrontar la composición del ERE. Lo primero que hizo fue una lista de los que de ninguna manera y bajo ningún concepto estarían en el ERE por su valía para la empresa. En cualquier caso, sabía que habría algunos —pocos— empleados que aceptarían voluntariamente formar parte del ERE. Pero algunos de ellos eran personas de la primera lista, por lo que abrirles la puerta para que se acogiesen voluntariamente al ERE no era una buena idea. Por tanto, prefería no permitir que la entrada en el ERE fuese voluntaria. Por otro lado estaban los miembros del Comité de Empresa, en su mayoría representantes sindicales, que eran intocables.

Una posibilidad era que los más mayores fuesen los primeros candidatos para formar parte del ERE ya que en ningún momento se quedarían sin ingresos, seguidos de los siete que su pareja trabajaba en la empresa, ya que así, al menos uno seguiría manteniendo los ingresos.

Vendrían después los que llegarían al menos a la edad mínima de jubilación voluntaria antes de que se les acabase el desempleo y, por último, los que se quedarían sin ingresos antes de su jubilación, ya que tenían pocas probabilidades de encontrar trabajo, al menos en la situación de crisis del momento. Pero, claro, la crisis no duraría eternamente. Esta era la manera menos traumática para el conjunto de los empleados, pero la más cara para la empresa ya que para los trabajadores de más de 55 años habría que suscribir el convenio especial con la Seguridad Social, que era muy caro. Y ahora Juan Remano empezaba a pensar en la posibilidad de que la empresa fuese suya a cambio de hipotecar su vida, por lo que estos costes eran muy importantes para él.

La alternativa opuesta suponía empezar por despedir a los que tuviesen menos antigüedad, que en general eran los más jóvenes. Esta opción era la más barata y, además, los jóvenes tenían una mayor probabilidad de encontrar trabajo que los más mayores. Pero en algún cambio de impresiones que tuvo con los representantes sindicales, sin enseñar sus cartas, percibió que esto podría llevarle a problemas de huelga o, incluso, aunque no era probable que ocurriese, a algún tipo de escrache. Además, en general, aunque con excepciones, los más jóvenes eran los que con más facilidad se adaptarían a la nueva tecnología.

Tomás Alfaro con la supervisión del Profesor
José Ramón Pin Arboledas y la profesora Marta Torres-Polo

También podría, dado que conocía a la perfección la situación personal, familiar, patrimonial y de capacidad y actitud hacia el trabajo de todos y cada uno de los empleados, hacer una selección persona a persona intentando compatibilizar tres factores: quedarse con los mejores, con aquellos que pudieran sufrir más con el ERE y valorar también el impacto en coste de cada uno. Con una hoja Excell hizo diferentes rankings de sus empleados cuantificando estas tres cosas y dando diferentes ponderaciones a cada factor. Sabía que esto chocaría frontalmente con los sindicatos y le crearía muchos problemas de todo tipo con los que fueran al ERE, empezando por la acusación de favoritismo, además de abrir la posibilidad de huelga o escrache, pero era una idea tentadora.

Sin embargo, si mañana lunes decidía dar el paso al frente y comprar la empresa, tendría que decidir qué plan seguir, discutiéndolo con el comité de crisis que se iba a formar.

6.5   El problema personal de los directivos

Entre los cuatro directivos había posiciones diferentes. Monedero estaba asustado de tomar la decisión de ir adelante porque, aunque creía que no le sería muy difícil encontrar trabajo, su situación familiar, con 6 hijos y una mujer que trabajaba en casa, no le permitía la "alegría" de tomar determinados riesgos. Sin embargo, tenía un cierto patrimonio, su casa, otro pequeño piso/estudio en Talavera y otra residencia de verano en Isla Cristina, ambas libres de hipoteca. Con la hipoteca de la casa de verano y el segundo piso de Talavera, podría cubrir una participación del 15% sin poner en peligro su vivienda habitual. Con estas dudas, todo parecía indicar que acabaría por aceptar.

Ventoso, persona con una gran sana ambición, veía todo esto como una oportunidad de llegar a ser "rico" y, con sólo un hijo, estaba dispuesto a seguir adelante y completar la participación que quedase si el resto de sus compañeros tomaban sólo el 15% mínimo que exigía el acuerdo.

Operol, estaba a la espera, sin gran entusiasmo, de ver qué decidían los demás y si todos iban, él mismo decía que no sería por él por lo que la operación no saliese, pero no tomaría más del 15% exigido.

Remano, por su parte, había recibido justo hacía una semana una oferta muy prometedora para ser director de recursos humanos de la filial española de una empresa multinacional radicada en Madrid. La oferta suponía un aumento de sueldo de más o menos el 20% sobre lo que tenía ahora, más una serie de beneficios marginales como seguros médicos, uso de coche de la empresa, etc. De ahí que hubiese pasado el fin de semana muy desasosegado. Era una persona con un gran sentido de la lealtad pero creía que si desaprovechaba esta oportunidad y el proyecto fracasaba, sería muy difícil que volviese a encontrar trabajo. Tenía 4 hijos, el mayor de 28 años y el pequeño de 11. Ese domingo reunió a su mujer y a sus tres hijos mayores y tuvieron un consejo de familia, porque tenía una gran confianza en el criterio de sus hijos y, sobre todo, de su mujer. Repasaron la situación patrimonial. Su mujer trabajaba en el Ayuntamiento de Talavera sin ser funcionaria y tenía un modesto sueldo. Si se iban a Madrid, perdería ese sueldo, a menos que ella se quedase a vivir en Talavera, aunque por otro lado, se ahorrarían dinero porque su tercer hijo, que estaba estudiando la carrera en Madrid, viviría en casa. Además, nada impedía que su mujer encontrase trabajo en Madrid. Tenían unos pequeños ahorros que tendrían que poner íntegros en el negocio y una casa de la que esperaban terminar de pagar la hipoteca dentro de tres años, lo que había sido el sueño de su vida. Ahora tendría que volver a hipotecarla por un alto porcentaje de su valor y con riesgo de perderla si la cosa salía mal. Ni su mujer ni sus hijos le dijeron lo que debería hacer, pero todos le aseguraron que, tomase la decisión que tomase, estarían con él como una piña.

Durante todo el fin de semana tuvo un ataque de nostalgia y se acordó de tantos momentos, buenos la mayoría, duros algunos, como había pasado en Ofimobel, la única empresa en la que había trabajado en toda su vida. Veía mentalmente las caras de todos los empleados, recordaba cómo D. Pedro había apostado por él cuando sólo llevaba trabajando dos años en Ofimobel y era un joven inexperto. Ofimobel le había

pagado el 70% del coste de un Master en Recursos Humanos que había realizado y la empresa le había financiado el resto sin intereses Cierto que él había trabajado duro durante treinta y dos años en la empresa y no sentía que tuviese una deuda con ella, porque le había dado los mejores años de su vida.

El propio D. Pedro, al que había contado la oferta de trabajo que tenía, le había dicho que no se sintiese en deuda con la empresa porque ambas partes habían recibido mucho la una de la otra y "tanto monta, monta tanto", pero, no podía evitar sentir, aunque fuese un sentimiento irracional, que decir no sería como una traición a esa lealtad que había sido su norte en la vida. Con todo esto en la cabeza y, sin tener todavía una decisión clara sobre lo que hacer, se fue a la cama dispuesto a pasar una noche en blanco para ir mañana a la reunión.

7

TALLERES CRUZ

UFV Universidad Francisco de Vitoria

César Cruz, nieto del fundador, se quedó muy preocupado cuando vio en la pantalla de su móvil el nombre del **Sr. Benítez (CEO de Renault España).** Los rumores podrían suponer **un riesgo importante para la empresa.** ¿Qué tendrían que hacer? ¿Tendrían que parar cualquier gestión? ¿Tendrían que seguir en el anonimato? ■

7.1   Inicios

Ofimobel había sido fundada en 1958 por D. Pedro Moblero. D. Pedro había nacido en 1938 en un pueblo bastante pobre de los montes de Toledo. No tenía estudios, pero a los 20 años se dio cuenta de que en Talavera de la Reina, donde había ido a vivir, estaban surgiendo empresas que necesitaban muebles de oficina que no eran fáciles de encontrar. Encargó a su amigo Andrés Mader, que era carpintero, que le hiciese unos muebles para vender en las oficinas de Talavera. Poco a poco, la empresa fue creciendo y en 2014 era una empresa de un tamaño considerable, 328 empleados, que hacía una amplia gama de muebles de oficina, vendía en toda España y exportaba a Francia, Bélgica, Portugal e Italia.

El Sr. Cruz, mecánico de profesión en el pueblo de Dos Hermanas, lo mismo arreglaba tractores, como bombas de pozo y hasta relojes, es consciente de esta situación y aprovecha la oportunidad solicitando a una de estas marcas internacionales que le concediesen la posibilidad de ser taller oficial. Lo consigue con la marca Renault, que en esos años ya contaba con varios puntos de venta (concesionarios) y estaba expandiendo su red de talleres colaboradores. En esas fechas Juan Cruz, el único hijo varón, ya estaba trabajando con él en el taller.

De forma general, las relaciones con las marcas se articulaban en tres niveles de relación jurídica:

1. **Taller oficial:** permite acceder a la documentación técnica y la formación necesaria para reparar los vehículos de la marca.

2. **Nivel agencia:** la empresa puede vender y reparar vehículos, pero actuando en nombre de otros como comisionista.

3. **Concesión oficial:** la empresa obtiene la representación de la marca para un territorio concreto en exclusiva. Este tipo de contrato permite la comercialización y reparación de todos los productos de la marca según las condiciones otorgadas por el fabricante de éstos.

En la cercana ciudad de Sevilla está ubicado el concesionario oficial del que dependen para recibir formación y para el suministro de piezas para las reparaciones. En los primeros años, Juan Cruz aprovecha cada viaje a Sevilla para traer información de los nuevos modelos a sus vecinos de Dos Hermanas que están interesados en adquirir un coche nuevo. Cómo las relaciones personales se les dan muy bien y conocen a todas las familias del pueblo, los Cruz se centran en la reparación, tanto de los motores como de las carrocerías, y comisionan en la venta de los coches. Logran realizar muchas operaciones de venta y empiezan a destacar entre los pequeños talleres de pueblo que dependen de la gran ciudad. Ha llegado el momento de proponerse llegar al nivel agencia.

En 1975 tras lograr el distintivo de Agente de marca, Juan Cruz hijo lleva a cabo la primera restructuración organizativa de la empresa, pasando de 8 a 25 personas trabajando en el taller (ver en Anexos: Organigrama 1). Se crean estructuras por departamento y pasan de tener sólo perfiles de mecánico a tener responsables por área de actividad.

 **UFV** | Editorial

Marta Torres-Polo y Carlos Clemente Gil con la supervisión del Profesor José Ramón Pin Arboledas

La actividad de postventa es su fuerte, pero en la venta de coches nuevos se han encontrado con un problema; ante el éxito de los Cruz, el concesionario de Sevilla ha lanzado una campaña comercial anunciando unos precios inferiores y muchos de los clientes recorren unos escasos 18 kilómetros de distancia para comprar su coche en la capital (los agentes no pueden ofrecer esos precios ya que perderían su comisión y la venta saldría a perdidas). Juan no se desanima porque comprarán el coche en Sevilla, pero terminarán reparándolo en su taller.

A lo largo de un lustro han logrado una amplia cartera de clientes, ahora es el momento de dar un paso más y abrir un concesionario oficial en su localidad. Si se lo conceden habrían conseguido el nivel de mayor representación que otorga la marca. ¡De vender 50 coches al año a vender 300!, esta era la estimación que animaba a Juan.

Ante esta nueva situación de crecimiento, el padre y el hijo deciden ampliar el local y empiezan a tener más actividad. La financiación para toda esta operación la logran mediante la venta de unas tierras que Doña Carmen tenía por herencia de su familia. Gracias al esfuerzo de la madre son capaces de autofinanciarse y no necesitar apalancarse (a ella le gustaban mucho esos olivares, le daba mucha pena perderlos, pero el crecimiento urbanístico del pueblo era imparable y su hijo ya le había dicho en varias ocasiones que él no se dedicaría a cultivarlos).

7.2   La gran transformación

En los inicios de los años 80 el Sr. Cruz pide la concesión oficial y rompen relaciones con el concesionario de Sevilla. La marca Renault le da el uso y la representación de su marca en Dos Hermanas y algún pueblo de alrededor. Se incrementa la competencia y empieza una rivalidad entre ambas localidades. Juan Cruz, antes que entrar en disputas, toma la estrategia de utilizar el servicio postventa para ganar ventas, no son ambiciosos cómo sí lo son los de Sevilla que venden grandes flotas. Su negocio no es el gran volumen de ventas de coches, sino que es acompañar y asesorar bien al cliente desde la primera información hasta la decisión de compra. La estrategia es fidelizar al cliente particular.

En 1981 con la confirmación de que serán nombrados Concesionario y guiados por el asesor fiscal, cambian la forma jurídica de la empresa de sociedad limitada a sociedad anónima, se hace una ampliación de capital para proteger el patrimonio y a los socios.

En los años 90 la empresa está consolidada, pero poco les dura la calma ya que en abril de 1991 fallece el Sr. Cruz fundador de la empresa que lleva su apellido. En 1992 se inicia una crisis general en el sector del automóvil que les hace sufrir y a nivel nacional el fabricante inicia una reducción de su red de distribución. La empresa lo supera sin necesidad de tomar medidas drásticas ya que su situación era saludable, mantiene el mercado y la estructura no se altera. Se mantiene en los mismos términos no hay crecimiento pero pasan la crisis.

Con el paso de la crisis, Juan Cruz hijo, sin dejar el negocio toma la decisión de apartarse del día a día y abrir otros negocios, de este modo, prepararse con otros ingresos por si llegara una nueva crisis, es entonces cuando crea un nuevo equipo directivo delegando la autoridad (ver 7.6.1 Anexo D - Organigramas, Organigrama 2)

En 1997 se incorpora la tercera generación con la incorporación del nieto mayor, Juan Cruz "junior". Quién, acabado el servicio militar, entra en Talleres Cruz como mecánico y hace rotaciones; mozo de almacén, vendedor de coches y en el 1999 después de haberse formado en todas las áreas del negocio se convierte en adjunto a la dirección, Juan Cruz "senior" empieza a preparar el relevo.

7.3   Entra la tercera generación

En el año 2000 se incorporaría el segundo nieto, Cesar Cruz. Tiene estudios superiores, pero comienza como mozo de almacén ya que las prácticas de la carrera las hace en una empresa de la competencia cambiando neumáticos, por eso Juan Cruz Senior le permite entrar directamente en el almacén sin pasar por el taller mecánico. Al poco tiempo, el menor de los nietos le propone a su hermano que asuma la dirección, quedándose él como adjunto. Entre los dos nietos desarrollarán el tercer cambio de estructura organizativa (ver Anexos: Organigrama 3). Empleando las nuevas tecnologías informáticas, comienzan a hacer análisis de cuentas de explotación, balances, previsiones de demanda y gestión en todas las etapas de producción que antes o no se hacían, o se hacían a mano.

El equipo directivo pilotado por Marcelo Villar como gerente, asume que el nieto mayor tome las riendas del negocio pasándole sin problemas la dirección de manera funcional.

El relevo ya está en marcha y de manera informal se da por hecho que el nieto mayor asumirá la dirección de la compañía. Juan Cruz Senior reúne a sus dos hijos y les hace la siguiente pregunta: ¿Qué queréis que hagamos con la empresa? Si para vosotros es interesante lo mantenemos, pero si después de la crisis que hemos pasado no queréis seguir adelante lo dejamos. La respuesta conjunta de sus dos hijos es: ¡Seguimos!

En el 2001 la marca pone en marcha una reestructuración de la red comercial y reduce a la mitad los puntos de venta . A nivel mundial los fabricantes Renault y Nissan crean una alianza comercial. Las redes comerciales están duplicadas y se deben reducir, "el más fuerte se queda con las dos marcas". La marca pone a negociar a sus redes y propone fusionar Nissan y Renault de Dos Hermanas. Juan Cruz Senior sólo ve la posibilidad de adquirir la sociedad que comercializa Nissan, pero los socios de ese concesionario no quieren, la marca lo asume, se produce un deterioro de la marca Nissan y en un periodo de 4 años habían cerrado. La marca pide a Talleres Cruz que se queden con lo que queda de Nissan, pero no lo hacen ya que veían claramente que la marca Nissan no tenía recorrido en Europa y que de alguna manera arrastraría al negocio de Renault.

En 1999 Renault fabricante había adquirido la empresa rumana fabricante de vehículos low-Cost DACIA, aunque no es hasta 2004 cuando en España lanzan la comercialización del primer vehículo. Los hermanos Cruz ven una oportunidad ya que su público objetivo, de nivel económico medio-bajo, parece muy receptivo a este tipo de vehículos y pueden potenciar su presencia en el territorio en el que operan.

Con la entrada de DACIA, la empresa crece en volumen pasando de vender 489 coches en el año 2000 a vender 1.019 coches en el año 2004. El margen bruto por comercializar productos de la marca Renault es superior, pero utilizan DACIA para crecer en volumen.

Han alcanzado el millar de ventas, pero casi no han terminado de celebrar este hito cuando la crisis azota de nuevo al sector del automóvil . Los años 2005 y 2006 sufren una caída de ventas, casi fueron esperadas y anunciadas por los analistas, pero lo que nadie pronosticó fue que esas caídas eran el preludio de otra nueva crisis sectorial.

7.4   Una nueva crisis

La economía se desplomó y los hermanos Cruz ven como año tras año sus ingresos descienden. Hasta que en 2011 alcanzan el punto más bajo de ventas, ese año el equipo de ventas solamente entrega 262 coches nuevos.

Los hermanos Cruz logran mantener el negocio gracias a su servicio postventa. Era algo que siempre les repetía su padre; "Cuando vengan tiempos malos, recordar que vuestro abuelo era mecánico y de ahí venimos. Comprar coches, ¡que los compren donde quieran!, pero que los reparen aquí. La prioridad es nuestro cliente de taller."

Durante la reunión estratégica anual que celebran en enero de 2007, Marcos Calvo (director de servicios postventa) expone lo siguiente en una de sus conclusiones: "Debido a la crisis económica los clientes en vez de ir al taller oficial están empezando a llevar sus coches al canal independiente ya que éstos tienen una mano de obra más barata que nosotros". Los hermanos Cruz no lo dudan, deciden centrarse en la venta de piezas a profesionales. Ya vendían recambios, pero ahora se trata de venderlos al por mayor.

Se crea una estructura para este nuevo negocio, se pasa de dos empleados de almacén a un equipo de seis personas que incluye comerciales. Desarrollan los procesos internos para lograr la eficiencia en el suministro de piezas a talleres independientes.

Los hermanos Cruz mantienen el margen en las piezas y es el taller el que grava la mano de obra. El taller que era competidor pasa a ser cliente. Logran establecer un nuevo tipo de relación. No se trata sólo de vender recambios a los talleres, sino de crear un sistema win-win donde los mecánicos de Talleres Cruz, al tener mayor formación en electromecánica y mejor acceso a información especializada, guían y ayudan a sus clientes profesionales con los diagnósticos que se les complican (soporte técnico).

Gracias a esta nueva idea de negocio pasan la crisis y las ventas de vehículos parece que se animan en el año 2012. Gracias a sus continuos análisis han acabado siendo conscientes que en el sector automovilístico los ciclos entre crisis se producen cada 7 u 8 años.

En el año 2017 se venden 777 coches, parece que las ventas se consolidan y vuelven a cifras esperanzadoras. El equipo directivo del Juan Cruz Senior se jubila, los nietos del fundador toman el liderazgo de la empresa y reorganizan la empresa . Mejores sistemas informáticos, procesos mejor definidos, la racionalización de recursos permiten reducir departamentos y número de empleados (pasan de 90 empleados a 40). Diseñan una nueva estructura organizativa (ver Anexos: Organigrama 4). La salida de la crisis es planificada por un nuevo equipo directivo, personal de confianza de los dos hermanos, y recoge los nuevos retos del sector.

Inmersos en un nuevo plan estratégico que llevaría desde 2018 a 2023, con su nuevo equipo consolidado, en marzo de 2020 llega la pandemia del COVID-19, el sector del automóvil se cierra, las noticias que llegan de los principales fabricantes de coches son devastadores y los hermanos Cruz se preguntan ¿Merece la pena volver a empezar? ¿No ha sido suficiente pasar tres crisis? ¿Cuándo será la siguiente? Estamos cerca de los 50 años, estamos desmotivados, no hay relevo generacional por edades y no sabemos si hay interés o no en seguir con el negocio ¿Y si vendemos la empresa?

Marta Torres-Polo y Carlos Clemente Gil con la supervisión del Profesor José Ramón Pin Arboledas

7.5   La llamada

La empresa va bien, aunque el sector está en crisis, la pandemia les ha vuelto a golpear y la incertidumbre en el sector es muy grande. La noticia de que los hermanos Cruz quieren vender se filtra y el CEO del fabricante lo primero que hace es llamarles.

7.6   Anexos

7.6.1 Anexo A - Principales cifras de ventas

Gráfico de ventas por producto

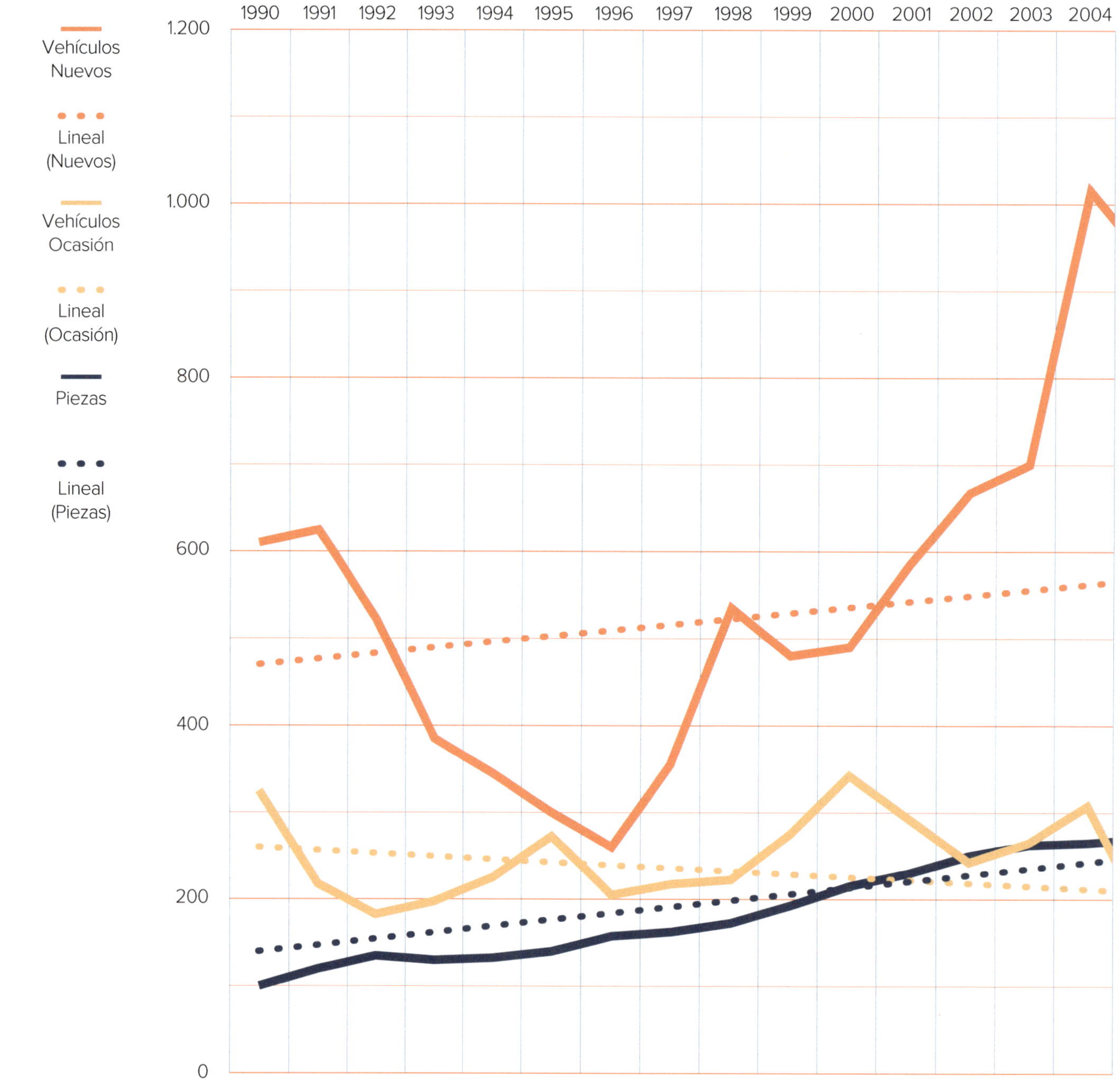

Leyenda:
- — Vehículos Nuevos
- ··· Lineal (Nuevos)
- — Vehículos Ocasión
- ··· Lineal (Ocasión)
- — Piezas
- ··· Lineal (Piezas)

Año	1990	1991	1992	1993	1994	1995	1996	1997	1998	1999	2000	2001	2002	2003	2004
Vehículos nuevos	609	625	515	385	344	300	255	358	538	479	489	585	667	699	1.023
Vehículos de ocasión	326	216	182	198	225	273	207	216	224	275	343	292	242	267	308
Venta de Piezas	99,4	118,56	134,9	130,01	131,34	141,9	156,6	163,9	171,7	191,8	215,17	232,3	250,3	264,5	265,5

Marta Torres-Polo y Carlos Clemente Gil con la
supervisión del Profesor José Ramón Pin Arboledas

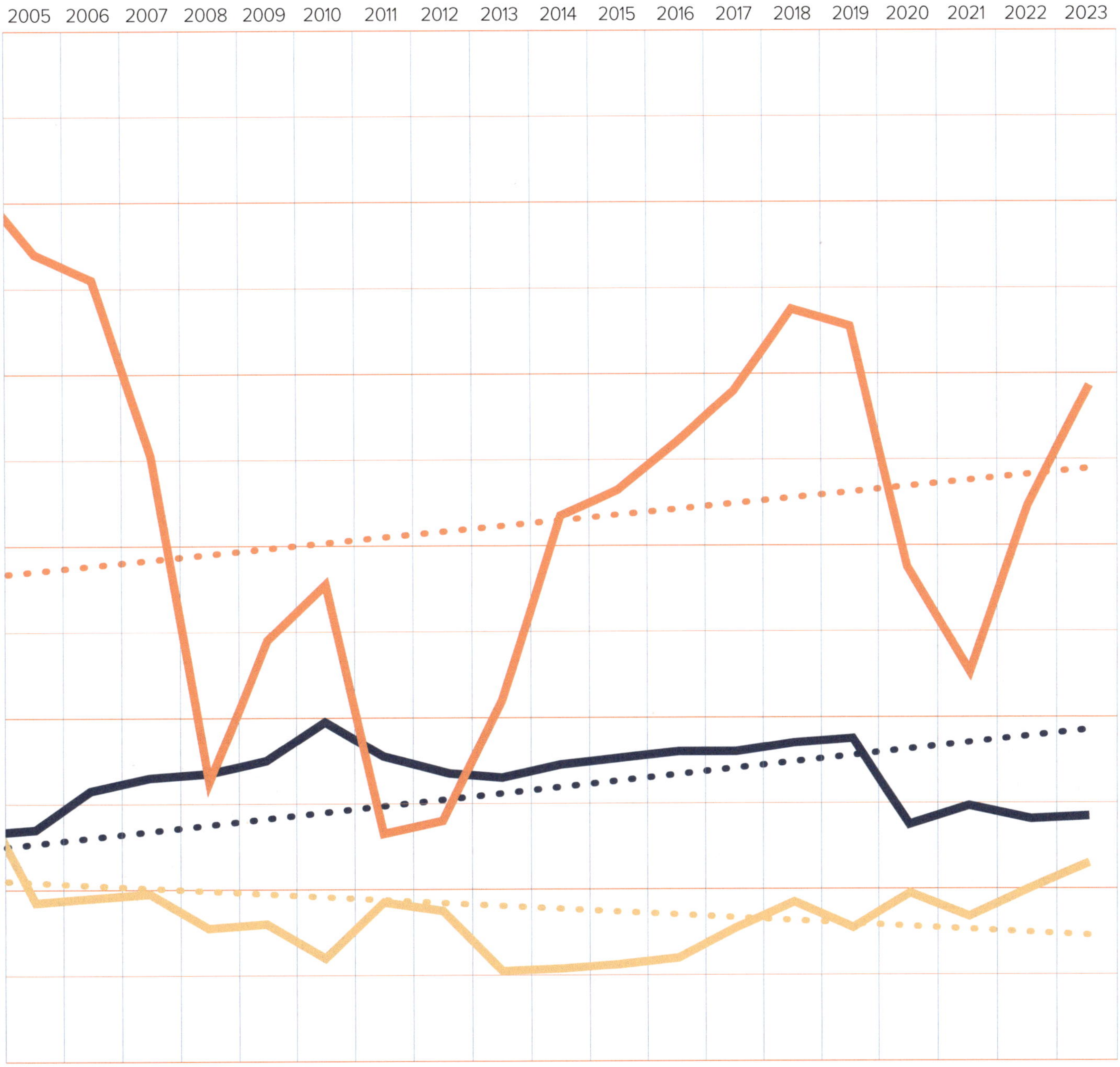

| 2005 | 2006 | 2007 | 2008 | 2009 | 2010 | 2011 | 2012 | 2013 | 2014 | 2015 | 2016 | 2017 | 2018 | 2019 | 2020 | 2021 | 2022 | 2023 |

2005	2006	2007	2008	2009	2010	2011	2012	2013	2014	2015	2016	2017	2018	2019	2020	Año
940	911	706	322	489	558	262	280	421	633	664	720	777	874	852	574	Veh. nuevos
185	188	196	155	159	120	184	174	105	107	111	118	151	184	153	194	Veh. de ocasión
270,8	316,1	327,8	332	345,3	392,6	352,4	336	328,5	344,2	350,5	356,1	356,2	369,2	376,2	275	Venta de Piezas

Facultad de Derecho,
Empresa y Gobierno

7.6.1 Anexo B - Cuenta explotación analítica año 2004

Vehículo Nuevo	Realización	Imp/Veh.	%
Volumen VN Total Facturados	1.023		
Cifra de Negocio VN	17.635.675	17.234	100,00
Margen Bruto VN	1.453.594	1.420	8,24
Esfuerzo Comercial	(335.727)	(328)	(1,90)
Margen Neto VN	1.117.867	1.092	6,34
Gastos Variables VN	227.983	223	1,29
Gastos Fijos VN	437.546	428	2,48
Resultado VN	**452.338**	**442**	**2,56**

Vehículo Ocasión	Realización	Imp/Veh.	%
Volumen VO Total Facturados	512		
Cifra de Negocio VO	4.067.672	7.940	100,00
Margen Bruto VO	252.649	493	6,21
Margen Neto VO	352.088	687	8,66
Gastos Variables VO	134.140	262	3,30
Gastos Fijos VO	162.091	316	3,98
Resultado VO	**55.856**	**109**	**1,37**

Taller	Realización	Imp/Veh.	%
Cifra de Negocio Taller	2.121.925	2,85	100,00
Margen Bruto Taller	1.407.552	1,89	66,33
Margen Neto Taller	1.095.002	1,47	51,60
Gastos Variables Taller	14.877	0,02	0,70
Gastos Fijos Taller	453.827	0,61	21,39
Resultado Taller	**626.299**	**0,84**	**29,52**

Piezas y Recambios	Realización	Imp/Veh.	%
Cifra de Negocio PR	5.855.959	326,74	100,00
Margen Bruto PR	2.020.834	112,76	34,51
Esfuerzo Comercial	(1.035.396)	(57,77)	(17,68)
Margen Neto PR	985.439	54,98	16,83
Gastos Variables PR	66.755	3,72	1,14
Gastos Fijos PR	248.821	13,88	4,25
Resultado PR	**669.863**	**37,38**	**11,44**

Marta Torres-Polo y Carlos Clemente Gil con la
supervisión del Profesor José Ramón Pin Arboledas

Recapitulativo	Realización	%
Suma Cifra de Negocios	29.681.231	100,00
Resultado Actividades	1.804.356	6,08
Gastos Comunes	969.382	3,27
Gastos Personal	405.635	1,37
Otros G. Comunes	115.803	0,39
Gastos Comunes de Explotación	447.945	1,51
Resultado antes de G. Estructura	834.974	2,81
Gastos de Estructura	397.967	1,34
Arrendamientos/ Leasing	198.773	0,67
Amortizaciones	199.193	0,67
Gastos Financieros	33.451	0,11
Gastos Financieros	141.565	0,48
Ingresos Financieros	108.114	0,36
Resultado de Gestión	403.556	1,36
Resultado Actividad OS	19.625	0,07
Resultado de Explotación	423.181	1,43
Gastos Excepcionales	67.631	0,23
Ingresos Excepcionales	62.833	0,21
Resultado Final	418.383	1,41

BALANCE ABREVIADO

Activos	
Inmovilizado	2.696.280
Inversiones y Activos	818.708
ACTIVO NO CORRIENTE	3.514.988
Existencias	4.271.911
Deudores	783.317
Inversiones	37.847
Tesoreria	473.649
ACTIVO CORRIENTE	5.566.723
TOTAL ACTIVO	9.081.711

Patrimonio	
Capital y Reservas	3.651.147
Beneficio o Perdidas	418.562
Fondos Propios	4.069.709
Subvenciones	33.254
TOTAL PATRIMONIO NETO	4.102.963
PASIVO NO CORRIENTE	848.523
Deudas y Acreedores a CP	1.955.765
Deudas con otras entidades de crédito	2.174.461
PASIVO CORRIENTE	4.130.226
TOTAL PATRIMONIO NETO Y PASIVO	9.081.711

Recapitulativo	
Liquidez	0,11
Disponibilidad	0,31
Solvencia	1,35
Garantia	182,41
Endeudamiento	82,41
ROE (Rentabilidad s/ Fondos Propios)	10,28
ROA (Rentabilidad s/ el Activo)	4,61
Autonomía Financiera	115,78
Dependencia	54,82
Independencia	0,83
Financiación a Clientes	1,53
Patrimonio Neto / VN	2.817,65
Solvencia / VN	0,00
Pasivo exigible / VN	3.441,92
Rentabilidad s/ Capitales comprometidos	0,09

7.6.1 Anexo C - Cuenta PyG según modelo oficial año 2011

CUENTA DE PERDIDAS Y GANANCIAS	
A) OPERACIONES CONTINUADAS	
1. Importe neto de la cifra de negocios.	**9.462.913,48**
a) Ventas.	8.207.306,44
b) Prestaciones de servicios.	**1.255.607,04**
2. Variación de existencias prod. terminados/curso	**-1.000,00**
3. Trabajos realizados por la empresa para su activo.	**0,00**
. Aprovisionamientos.	**7.511.232,41**
a) Consumo de mercaderías.	7.439.892,84
b) Consumo de materias primas y otras materias consumibles.	21.217,07
c) Trabajos realizados por otras empresas.	50.122,50
d) Deterioro de mercaderías, materias primas y otr.aprov.	0,00
5. Otros ingresos de explotación.	**105.242,60**
a) Ingresos accesorios y otros de gestión corriente.	100.875,65
b) Subvenciones de explotación incorporadas al rdo.ejerc.	4.366,95
6. Gastos de personal.	**1.506.775,53**
a) Sueldos, salarios y asimilados.	1.174.271,86
b) Cargas sociales.	332.503,67
c) Provisiones.	0,00
7. Otros gastos de explotación.	**678.671,78**
a) Servicios exteriores.	656.068,29
b) Tributos.	34.435,24
c) Pérdidas, deterioro y variación de provisiones por operac. comerc.	8.942,89
d) Otros gastos de gestión corriente.	-20.774,64
8. Amortización del inmovilizado.	**123.058,81**
9. Imputación de subvenciones de inmov. no financiero y otras.	**3.762,20**
10. Excesos de provisiones.	**0,00**
11. Deterioro y resultado por enajenaciones del inmovilizado.	**0,00**
A.1) RESULTADO EXPLOTACIÓN (1+2+3+4+5+6+7+8+9+10+11)	**-248.820,25**
12. Ingresos financieros.	**25.076,31**
a) De participaciones en instrumentos de patrimonio.	0,00
b) De valores negociables y de créditos del activo inmovilizado.	25.076,31
b1) De empresas del grupo y asociadas.	11.743,80
b2) De terceros.	13.332,51
13. Gastos financieros.	**43.726,74**
a) Por deudas con empresas del grupo y asociadas.	35.099,06
b) Por deudas con terceros.	8.627,68
c) Por actualización de provisiones.	0,00
14. Variación de valor razonable en instrumentos financieros.	**9.797,46**
a) Cartera de negociación y otros.	9.797,46
A.2) RESULTADO FINANCIERO (12+13+14+15+16)	**-28.447,89**
A.3) RESULTADO ANTES DE IMPUESTOS (A.1+A.2)	**-277.268,14**
17. Impuestos sobre beneficios.	0,00
A.4) RESULTADO EJERC. OPERAC. CONT. (A.3+17)	**-277.268,14**

Marta Torres-Polo y Carlos Clemente Gil con la
supervisión del Profesor José Ramón Pin Arboledas

BALANCE

A) ACTIVO NO CORRIENTE	
I. Inmovilizado Intangible	**0,00**
1. Desarrollo	0,00
2. Concesiones	0,00
3. Patentes, licencias, marcas y similares	0,00
4. Fondo de comercio	0,00
5. Aplicaciones informáticas	0,00
6. Otro Inmovilizado Intangible	0,00
II. Inmovilizado Material	**818.355,59**
1. Terrenos y construcciones	409.177,07
2. Instalaciones técnicas, maquinaria, utillaje, mobiliario y otr. inm. mat.	409.178,52
III. Inversiones inmobiliarias	**0,00**
1. Terrenos	0,00
2. Construcciones	0,00
IV. Inversiones en empresas del grupo y asociadas a L/P	**0,00**
1. Instrumentos de Patrimonio	0,00
2. Créditos a empresas	0,00
V. Inversiones financieras a L/P	**429.756,06**
1. Instrumentos de Patrimonio	5.000,00
2. Créditos a empresas	389.055,94
3. Otros activos financieros	35.700,12
VI. Activos por Impuestos Diferidos	**118.386,82**
B) ACTIVO CORRIENTE	**3.107.455,82**
I. Activos no corrientes mantenidos para la venta	**0,00**
II. Existencias	**1.961.646,00**
1. Comerciales	1.955.496,00
2. Materias primas y otros aprovisionamientos	0,00
3. Productos en curso	5.840,00
4. Productos terminados	0,00
5. Subproductos, residuos y materiales recuperados	0,00
6. Anticipos de proveedores	310,00
III. Deudores comerciales y otras cuentas a cobrar	**509.023,94**
1. Clientes por ventas y prestaciones de servicios	140.263,55
2. Clientes, empresas del grupo y asociadas	0,00
3. Deudores varios	158.232,75
4. Personal	0,00
5. Activos por impuesto corriente	5.794,08
6. Otros créditos con las Administraciones Públicas	204.733,56
7. Accionistas (socios) por desembolsos exigidos	0,00
IV. Inversiones en empresas del grupo y asociadas a C/P	**0,00**
V. Inversiones financieras a C/P	**500.776,43**
1. Instrumentos de Patrimonio	50.776,43
2. Créditos a empresas	0,00
3. Otros activos financieros	450.000,00
VI. Periodificaciones	**14.037,19**
VII. Tesorería	**121.972,26**
1. Tesorería	121.972,26
2. Otros activos líquidos equivalentes	0,00
TOTAL ACTIVO (A+B)	**4.473.954,29**

PATRIMONIO NETO Y PASIVO	
A) PATRIMONIO NETO	**1.864.588,88**
A-1) Fondos Propios	1.860.711,87
I. Capital	2.009.507,82
1. Capital Escriturado	2.009.507,82
II. Prima de Emisión	0,00
III. Reservas	752.444,29
1. Legal y estatutarias	263.846,84
2. Otras reservas	488.597,45
IV. Acciones y participaciones en patrimonio propias	-0,04
V. Resultados de ejercicios anteriores	-623.972,06
1. Remanente	0,00
2. Resultados negativos de ejercicios anteriores	-623.972,06
VI. Otras aportaciones de socios	0,00
VII. Resultado del ejercicio	-277.268,14
VIII. Dividendo a Cuenta	0,00
IX. Otros Instrumentos de patrimonio	0,00
A-2) Ajustes por cambios de valor	0,00
I. Activos Financieros disponibles para la venta	0,00
II. Operaciones de cobertura	0,00
III. Otros	0,00
A-3) Subvenciones, donaciones y legados recibidos	3.877,01
B) PASIVO NO CORRIENTE	**-6.900,50**
I. Provisiones a L/P	0,00
II. Deudas a L/P	1.202,02
1. Otros pasivos financieros	1.202,02
III. Deudas con empresas del grupo/asoc.L/P	0,00
IV. Pasivos por impuesto diferido	-8.102,52
V. Periodificaciones a L/P	0,00
C) PASIVO CORRIENTE	**2.616.265,91**
I. Pasivos vinculados con act.no corrientes para venta	0,00
II. Provisiones a C/P	0,00
III. Deudas a C/P	266.984,17
1. Obligaciones y otros valores negociables	0,00
2. Deudas con entidades de crédito	0,00
3. Otros pasivos financieros	266.984,17
IV. Deudas con empresas del grupo y asociadas C/P	0,00
V. Acreedores comerciales y otras cuentas a pagar	2.349.281,74
1. Proveedores	2.035.110,03
2. Proveedores, empresas del grupo y asociadas	0,00
3. Acreedores varios	263.868,23
4. Personal (remuneraciones pendientes de pago)	763,80
5. Pasivos por impuesto corriente	0,00
6. Otras deudas con las Administraciones Públicas	49.439,68
7. Anticipos de clientes	100,00
VI. Periodificaciones a C/P	0,00
TOTAL PATRIMONIO NETO Y PASIVO (A+B+C)	**4.473.954,29**

Marta Torres-Polo y Carlos Clemente Gil con la supervisión del Profesor José Ramón Pin Arboledas

7.6.1 Anexo D - Organigramas

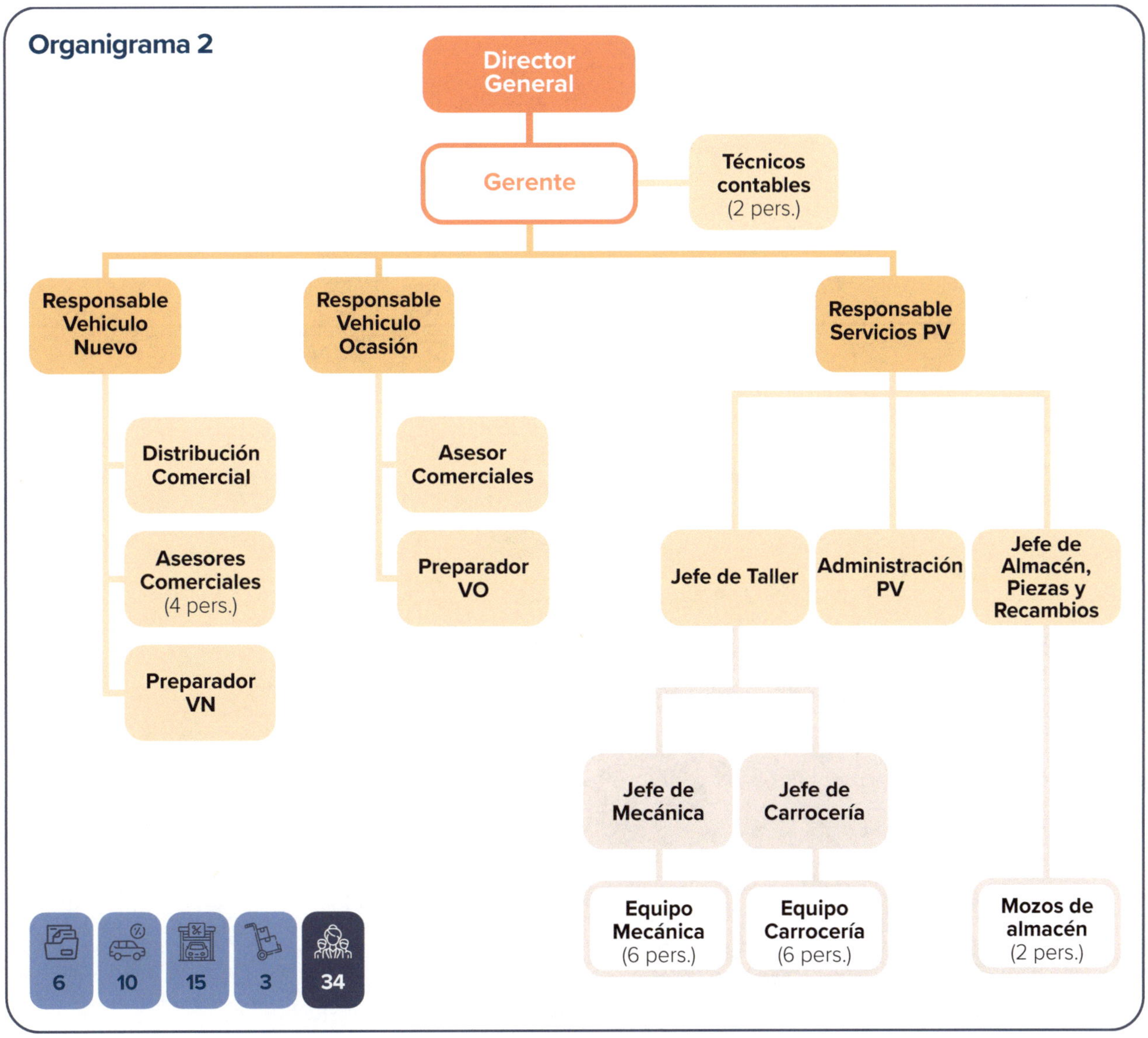

Organigrama 1

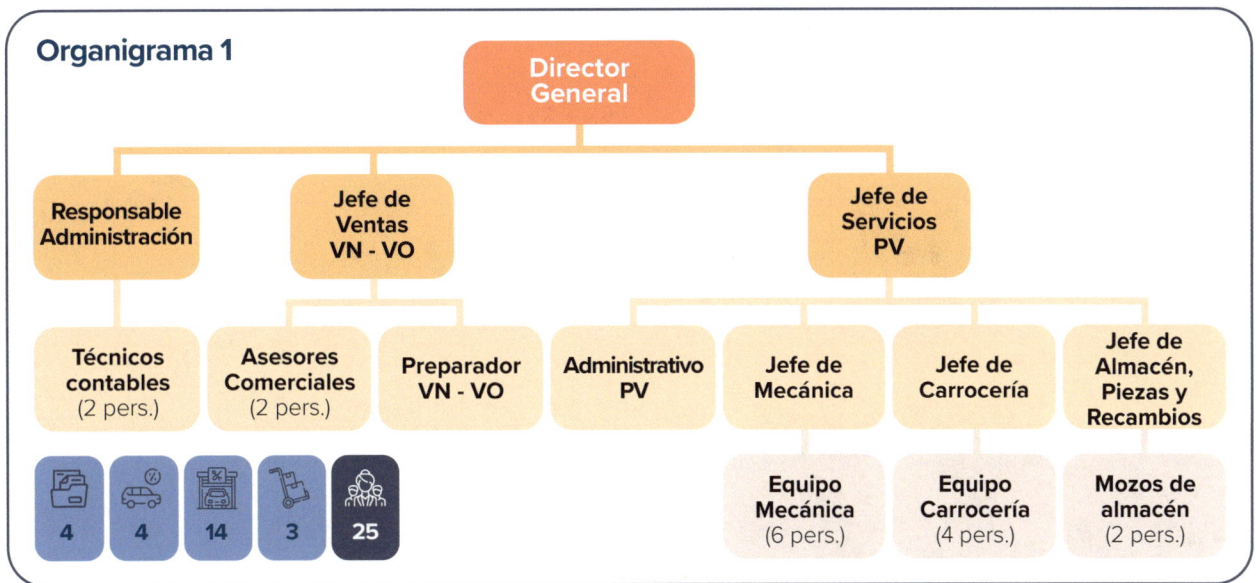

Organigrama 2

```
                              Director
                              General
                                 |
              Gerente ───── Técnicos
                 |           contables
                 |           (2 pers.)
    ┌────────────┼──────────────────────────────┐
Responsable  Responsable                  Responsable
Vehiculo     Vehiculo                     Servicios PV
Nuevo        Ocasión
    |            |                              |
Distribución  Asesor          ┌────────────────┼─────────────┐
Comercial     Comerciales   Jefe de       Administración   Jefe de
              |             Taller         PV               Almacén,
Asesores      Preparador      |                             Piezas y
Comerciales   VO         ┌────┴─────┐                       Recambios
(4 pers.)                Jefe de   Jefe de                      |
                         Mecánica  Carrocería                Mozos de
Preparador                  |         |                      almacén
VN                       Equipo    Equipo                    (2 pers.)
                         Mecánica  Carrocería
                         (6 pers.) (6 pers.)
```

6 10 15 3 34

Organigrama 3

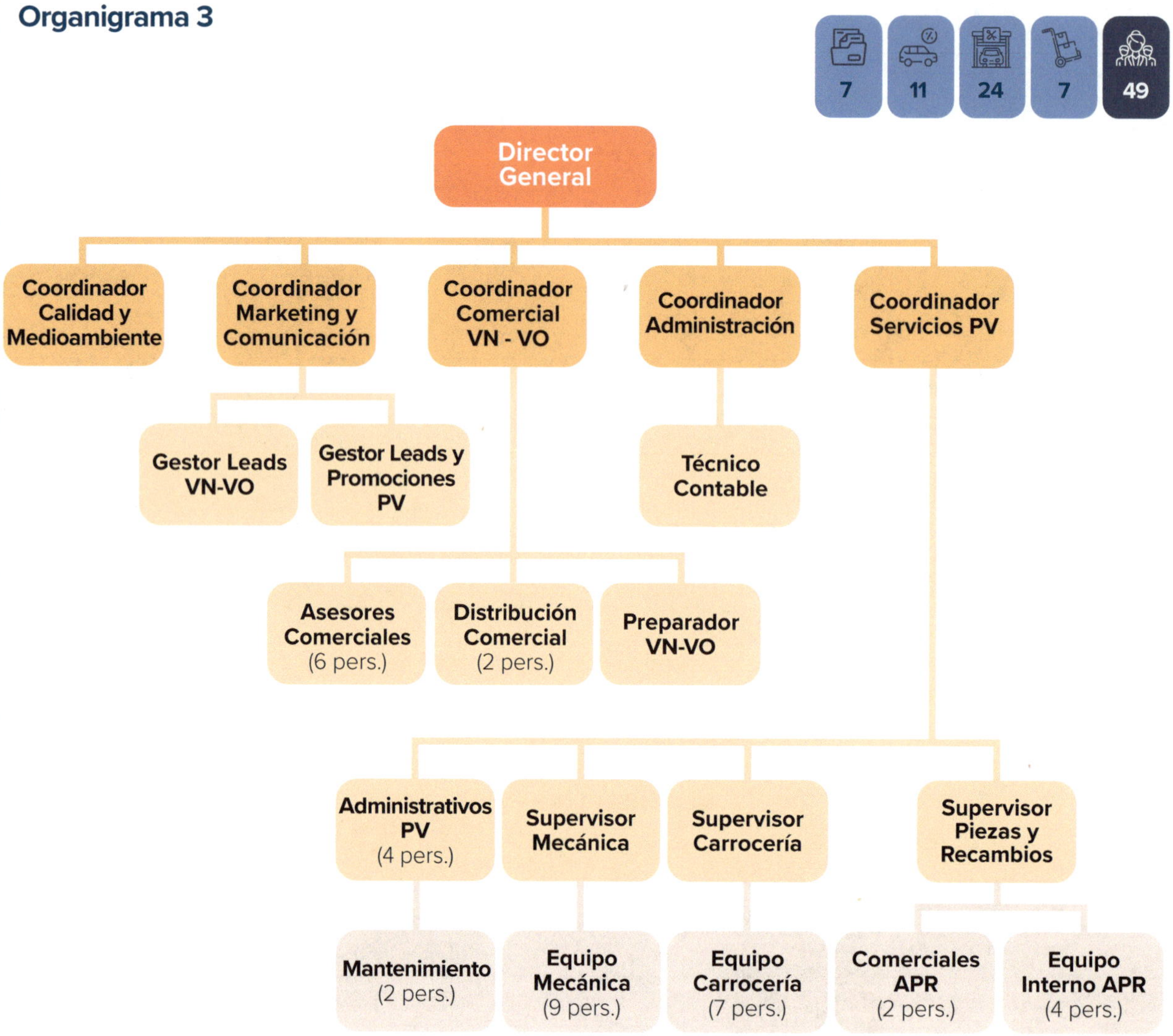

7	11	24	7	49

Director General

- **Coordinador Calidad y Medioambiente**
- **Coordinador Marketing y Comunicación**
  - **Gestor Leads VN-VO**
  - **Gestor Leads y Promociones PV**
- **Coordinador Comercial VN - VO**
  - **Asesores Comerciales** (6 pers.)
  - **Distribución Comercial** (2 pers.)
  - **Preparador VN-VO**
- **Coordinador Administración**
  - **Técnico Contable**
- **Coordinador Servicios PV**
  - **Administrativos PV** (4 pers.)
  - **Supervisor Mecánica**
  - **Supervisor Carrocería**
  - **Supervisor Piezas y Recambios**
    - **Mantenimiento** (2 pers.)
    - **Equipo Mecánica** (9 pers.)
    - **Equipo Carrocería** (7 pers.)
    - **Comerciales APR** (2 pers.)
    - **Equipo Interno APR** (4 pers.)

Marta Torres-Polo y Carlos Clemente Gil con la supervisión del Profesor José Ramón Pin Arboledas